【公孫策說歷史故事（一）】

英雄劫

春秋時代南方三國的恩怨情仇

公孫策

〈總序〉三十本經典，一千個故事

經典之所以為經典，因為它的價值歷久不衰。例如我們對經典老歌，總能哼上幾句；對經典名句（如「多行不義必自斃」等）也能琅琅上口。可是一聽到「四書五經」、「經史子集」，大多數人都會敬而遠之。

原因之一，是我們對經典的整理工作，做得太少了。宋朝朱熹注解《四書》，就是一種整理工作，也的確讓《四書》普及於當時的一般人。清朝蘅塘退士輯《唐詩三百首》、吳氏兄弟輯《古文觀止》，也都是著眼於「經典普及化」的整理工作。然而，中華民國建國一百年了，卻未見值得稱道的經典整理作品。

另一個原因，是考試成了教育的唯一目的。於是，凡考試不考的，學生當然就不讀。這不能怪學生，也不能怪老師，事實上大家都為了考試心無旁騖。而那些對經典充滿使命感的大人們，只好規定一些必考的經典。其結果是，學生為了考試，讀了、背了，考完就忘了，而且從此痛恨讀經，視經典為洪水猛獸或深仇大恨——經典反成了學生心目中的「全民公敵」！

城邦出版集團執行長何飛鵬兄對中國經典有他的使命感，城邦也出版了很多「經典整理」的書籍，如：〈中文經典100句〉、〈經典一日通〉等系列。飛鵬兄建議我「以三十本經典為範疇，寫至少一千個故事」，取材標準則是「好聽的故事、經典的故事、有用的故事」。

於是我發願以四年時間，寫完一千個故事，而且每天一個故事（周休二日），在城邦集團的「POPO原創」網站發表。

也就是說，這一個系列嘗試以「說故事」的形式，將經典整理成能夠普及大眾的版本。不是「概論」，也不是「譯本」，而是故事書。然為傳承經典，加入「原典精華」，讓讀者又不僅僅是看故事書而已。

公孫策

二〇一一年秋

目錄

〈總　序〉二十本經典，一千個故事 2
〈導　讀〉英雄的劫難，也是美麗夢幻 8
〈推薦序〉精采又具深意的報仇史 12
〈代　序〉南方三國志 14

前事

1 大洪水 20
2 大禹治水 23
3 穀王后稷 28
4 盤瓠子孫 33
5 卑梁之釁 39

本事

1 一鳴驚人 44
2 夏姬 48
3 申公巫臣 54
4 費無極 57
5 伍子胥 62
6 申包胥 66
7 太子建 71

8 蘆中人 75
9 浣紗女 81
10 季札 84
11 公子光 89
12 裝瘋 91
13 專諸 94
14 魚腸劍 99
15 吳王闔閭 105
16 要離 107
17 慶忌 115
18 寶劍 120
19 干將 123
20 白喜 129
21 孫武 134
22 反間計 141
23 子常 145
24 鞭屍 148
25 報恩 152
26 哭秦宮 157
27 火攻 162
28 句踐怪招 167
29 夫差復仇 171

30 太宰嚭 176
31 錢塘觴別 181
32 范蠡 188
33 一波三折 194
34 嘗糞 200
35 縱虎歸山 205
36 臥薪嘗膽 210
37 生聚教訓 214
38 越女劍 220
39 陳音弓 226
40 葛絲 229
41 神木 233
42 西施 239
43 蒸熟的穀種 245
44 致命敗著 249
45 子貢穿梭外交 253
46 一拍兩響 258
47 一拍三響 261
48 夫差上鉤 266
49 怪夢 268
50 最後忠言 274
51 子胥歸天 277

52 螳螂捕蟬，黃雀在後 283
53 黃池 289
54 必勝之道 295
55 殺氣沖天 299
56 子胥顯靈 304
57 悔之晚矣 309
58 夫差末日 313
59 霸王句踐 318
60 狡兔死，走狗烹 321
後事
劫數 328

〈導讀〉英雄的劫難，也是美麗夢幻

滾滾長江東逝水，浪花淘盡英雄。是非成敗轉頭空，青山依舊在，幾度夕陽紅？
白髮漁翁江渚上，慣看秋月春風。一壺濁酒喜相逢，古今多少事，都付笑談中。

這是羅貫中在《三國演義》以「西江月」詞牌令寫的卷頭詩。

感慨在滾滾長江水東流中，在朵朵浪花沖激下，古今多少偉大英雄人物，在歷史洪流、物換星移裡，終究也就如此灰飛煙滅消逝了。

說什麼成者王，敗者寇；說什麼世人總以成敗論英雄，欸——倒頭來還不是轉眼成空，唯留青山依舊年年又新綠，岸邊夕陽卻是紅了又紅。

西方的英雄（hero）傳說源自希臘神話，指的是神與人結合所產生的後代，也就是所謂的「半神」（semigod），事實上就是掉落在凡間，智勇雙全、充滿人格特質魅力的人。

三國魏明帝時代的劉邵，在其《人物誌》一書中，對英雄下了如此定義：「聰明秀出，謂之英；膽力過人，謂之雄。」所以將史記裡「運籌帷幄之中，決勝千里之外」的留侯張良評為：「英而不雄」，而把力拔山兮氣蓋世的項羽論為：「雄而不英」。

歷史上身影最巨大的悲劇英雄，大概非項羽莫屬了。項羽被圍垓下，曾自云：「吾起兵至今八歲矣，身七十餘戰，所當者破，所擊者服，未嘗敗北，遂霸有天下然。今困於此，此天之亡我，非戰之罪。」最終乃自刎於烏江邊。

在司馬遷的筆下，項羽英姿煥發、豪邁英勇、對部屬有情有義；與「卒啦」型，要求項羽如果烹了自家父親劉太公的話，也要分「一杯羹」的劉邦相比較，那真是強烈反差呀。可是太史公最後還是對這樣英雄作了以下的批評：「身死東城尚不覺寤而不自責過矣，乃引天亡我非用兵之罪，豈不謬哉。」認為項羽最大的錯誤仍在終不知反省，以至剛愎自用；打敗項羽的不是別人，正是他自己。

不論古今中外，英雄的背後總不免帶些神祕色彩，英雄的身上總要散發些與眾不同的氣質魅力；也因此，縱使「千古江山，英雄無覓」；雨打風吹，英雄的微言細行、低吟或長嘯卻永遠深深烙印在世世代代的人們心中。

杜甫寫蜀相，歎諸葛武侯「出師未捷身先死，長使英雄淚滿襟」；李清照哀項王：「生當作人傑，死亦為鬼雄。」；李白在赤壁歌：「二龍爭戰決雌雄……周瑜於此破曹操。」英雄呀英雄，究竟是什麼樣的「半神」，遇見什麼樣的際遇機緣，方才能造就出所謂的英雄？

茫茫人海，芸芸眾生，如果少了英雄的存在，那該多乏味呀。世世代代，歲歲月月的嬗遞交替間，如果沒有英雄故事的傳說，那又多無情無趣呢！

欣見公孫策先生發願，要以四年時間，以三十經典為本，寫完一千個故事；取材的準則是好聽、經典又有用的故事；名為：英雄劫。噢，英雄二字已經夠吸引人了，偏偏還遭逢劫數，那更是多刺激、多引人好奇。

尤其特別的是，公孫策他從非主流的史冊——東漢趙曄《吳越春秋》的男女人物著手；這本號稱為「南方三國志」的史書，其實也是歷史演義小說的雛形，可視為稗官雜記體的別史。其中許多人物情節在歷史上確實存在，如伍子胥、專諸、孫武、季札、句踐、夫差、范蠡，在司馬遷的史記裡也都有明確記載。只是《吳越春秋》作者，也許把自己的著作定位在「野史」，所以下筆措辭更是荒誕離奇「重口味」，深具濃郁浪漫色彩；也就因為這樣的「百無禁忌」，內容情節更是充滿爭議性、爆炸點；當然也就更添驚奇詭異、趣味奧妙，引人入勝。

硬生生記背歷史人物、年代，誰都不愛；但是如果透過說故事的方式來追憶歷史，那不論八歲或八十歲，就老少咸宜、人人愛囉。

透過公孫策先生流利生動文筆來訴說這些古老人物，總感覺這些兩千多年前的人物竟是栩栩如生，穿越時空來到眼前。

難得的是，他在每個章節還特附錄了原文精華文字與重點注解；讓人在閱讀、感受時，同時也品嘗了原汁原味經典原文的甜美宜人。

自民國六十七年任教建中紅樓，春風化雨無數菁英才子，已逾三十年載；我始終認為文史是不分家的，沒有過去的歷史就沒有文學的產生，也沒有現在和未來。

我願全力推薦這本結合文學與歷史，好看又兼具內涵、趣味的「英雄劫」。

建中資深國文名師・名作家
陳美儒

〈推薦序〉精采又具深意的報仇史

「觀今宜鑑古，無古不成今」，只有懂得以銅為鑑、以人為鑑、以史為鑑的唐太宗，才能造就千古艷羨的「貞觀之治」！

夏朝開國之君大禹的父親鯀治水不成被殺，兒子卻仍然肯為殺父之仇効力，這是什麼道理？

嵇康為司馬昭所殺，司馬昭死，其子司馬炎即位（即晉武帝），山濤推薦嵇康的兒子嵇紹入朝為官，並且在八王之亂中，為了保護晉惠帝而被亂軍殺死，血噴到晉惠帝的衣服上（這就是文天祥〈正氣歌〉稱贊的「為嵇侍中血」）。父親為人所殺，兒子卻仍肯為殺父之仇的後代効忠，這是什麼道理？

太多人事的糾糾葛葛，太多政治的恩恩怨怨，太多歷史的是是非非，汩亂了人的心靈，有時候，誰對誰錯，還真不好說。

歷史所以好看，是因為有英雄。英雄故事所以好看，是因為英雄能完成常人所不能完成的事。大禹在父親死後仍努力治水，這是英雄！嵇紹能在千軍萬馬之中，以身蔽護晉惠帝，因此被殺死，這是英雄！

伍子胥父親被楚平王殺害，伍子胥歷盡千辛萬苦逃到吳國，推薦了專諸刺殺了王僚，讓公子光當上了吳王（闔閭），吳王闔閭也替伍子胥報了仇。當吳國大軍攻進楚國，大破郢都，伍子胥把已經死了的楚平王從墓中挖起來，鞭屍三百。報了殺父之仇，真是英雄！

闔閭被句踐殺死，夫差誓言報仇，大敗句踐之後，卻沒有殺了句踐。句踐臥薪嘗膽，生聚教訓，大破夫差之後，殺了夫差。這兩個人都是「復仇高手」也都算英雄！

一部吳越春秋，就是一部報仇史。只是，殺人者，人恆殺之。冤冤相報，永無盡期，這就是英雄劫。能跳出這種劫難的，才是真英雄；不能跳出這種劫難的，只是永遠墮在無明之中的梟雄！

公孫策先生是說故事的高手，這本「報仇史」，好看之中有深意！

玄奘大學中語系教授
季旭昇

〈代序〉南方三國志

本書大致上以《吳越春秋》為本，作者是東漢趙曄。由於一向被歸入《經籍志》或「雜史類」，列入「經典」之林，因而感覺是一本「嚴肅」的書，於是流傳不廣。但事實上，趙曄用了大量文學筆法，不遜小說家。因此，直接將原文白話化，就很有故事性，省了很多鋪陳的功夫。

全書的時空舞台是春秋時代末期（西元前四、五百年）的中國南方，兩個偏處東南的諸侯小國吳、越，仗著金戈寶劍，也就是國防科技超越大國，而能稱霸中原。

講吳、越，當然離不開楚國。但楚國在春秋戰國時代雖然一直是強國、大國，卻是中原文化的「非主流」。亦即吳、越、楚這「南方三國志」，是在中原主流邊緣的一場爭霸。

然而，三國卻都有著傲人的祖先：越國是大禹的後代；吳國的祖先將王位讓給周天子的祖先；楚國的祖先是周朝開國功臣，卻受盡歧視。

舉一個最明顯的例子：黃池大會吳王夫差誇耀兵威，而得為盟長（也就是稱霸），這在吳國國史《國語．吳語》有所記載，可是《左傳》卻記載「以晉定公為長」——中原主流掌握了纂史權，歧視南方諸侯。而這絕非《左傳》唯一的一次，因不在本書範圍內，故不贅。

或許就是因為這種「被迫害症候群」吧，這一段「南方三國志」的故事裡，人物個個英雄，卻個個有著悲劇性格，最終造成了悲劇的結局。

怎麼說才對呢？就算是英雄的劫數吧，在劫難逃啊！

楚平王聽讒殺伍奢，伍子胥報父仇，鞭楚平王屍；吳王闔閭一代霸王，卻失手於「菜鳥」句踐；句踐趁人之危（吳王闔閭國殤），反而落得會稽山求饒；句踐忍人所不能忍，終於忍到復國；伍子胥不能忍，反落得含恨自殺；夫差當上了諸侯盟主，卻是他一生功業快速下坡的起點，最後請求保留一命而不可得。

英雄所為確實異於凡人，可是英雄的結束卻令凡人嗟嘆，這是本書書名《英雄劫》的取義由來。

至於我為何動念重新演繹《吳越春秋》？事情的緣起，是我與城邦出版集團執行長何飛鵬兄的一次聊天。當話題轉到電子書上頭，飛鵬冒出一句：「你現在應該要去寫一大堆故事。」他的意思是：為未來必將發生的「電子書大戰」，預先先儲存「內容」。

於是我埋首筆耕，開始寫「一大堆故事」。及至寫到《吳越春秋》，一來是有感於本書二千年來受到冷落（相較於《三國演義》），一來是重讀時對書中英雄的「劫數」有了新的、強烈的感受，於是決定將《英雄劫》先寫出來。

書中英雄人物的性格躍然紙上，雖不能跳出頁面與讀者直接互動（這是我對電子書的終極期許），但透過文字感受，想像空間或許更寬、更大。

公孫策

二〇一一年秋

英雄劫

前事

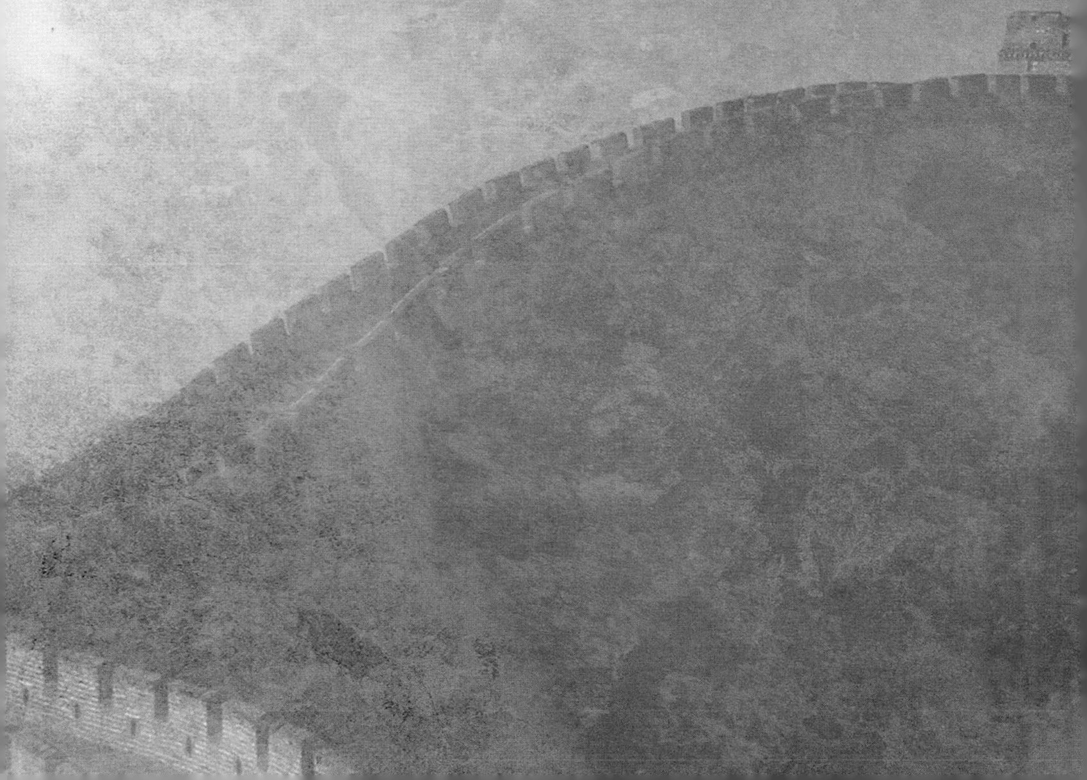

前事1、大洪水

上古時期，發生了一場大洪水。那是一場世紀浩劫，洪水淹沒了平地，越過了山陵，移動了河川、湖泊。人們失去了一切，倖存的人必須從零開始。

在這段從零開始的重建歲月中，有三位受人稱頌的領袖應運而生，他們是堯、舜、禹。

堯當天子的時候，大洪水氾濫於天下，人民痛苦流離。堯請四方諸侯推薦治水人才，四方諸侯推薦了鯀（音「滾」）。

堯說：「鯀這個人既不聽命令，又霸凌同族人，不可以。」

四方諸侯說：「先試用看看吧，真的不行，再將他換掉。」

堯接受了四方諸侯的推薦，用鯀治水，結果九年無成。

【原典精華】

堯曰：「嗟①，四嶽②，湯湯③洪水滔天，浩浩③懷山襄陵④，下民其憂，有能使治者？」

皆言鯀可。

堯曰：「鯀負命⑤毀族⑥，不可。」

嶽曰：「異哉，試不可用而已。」

堯於是聽嶽用鯀，九歲，功用不成。

——《史記．五帝本紀》

①嗟：音「接」，感歎語。
②四嶽：四方諸侯長。
③湯湯、浩浩：形容水勢盛大。成語「浩浩蕩蕩」即出自此典。
④懷：抱。襄：高。懷山襄陵：包圍群山，越過丘陵。
⑤負命：違抗命令。
⑥毀族：欺凌族人。

舜又有什麼豐功偉業呢？

舜代堯行天子職權，巡行天下。看到老百姓受水災折磨的痛苦，也看到鯀治水的失敗。於是將鯀放逐到東方的羽山。鯀羞慚交加，投水自殺，化做一隻黃熊。

舜向堯推荐鯀的兒子禹繼續治水，堯接受了舜的推薦，而禹花了十三年時間，終於治水成功。

這一場歷時超過二十年的大洪水，是上古人民的最大痛苦，而堯、舜兩位天子任內，解除了人民的痛苦。

同時，也造就了兩位偉大的人物：大禹和后稷。

前事2、大禹治水

禹為父親的死哀傷，也為父親治水無功感到愧咎，決心一雪前恥。他走遍當時四條主要河川「長江、黃河、淮水、濟水」的上下游，勞苦焦思，這樣過了七年。這七年當中，他聽到音樂卻無心欣賞，經過家門三次也不進去，帽子被樹枝掛住也不回頭去拿，鞋子被絆掉也不回身去穿。只因為治水未有成果，令他終日沉重憂愁。

【原典精華】

禹傷父功不成，循①江泝②河，盡③濟甄③淮，乃勞苦焦思，以行七年。聞樂不聽，過門不入，冠掛不顧，履④遺不躡④；功未及成，愁然深思。

——《吴越春秋．越王無余外傳》

大禹登上天柱峰，
仰天長嘯

最後，他在《黃帝中經曆》（託名黃帝的一本術數之書）上查到：「東南方有一座天柱山，南方之神赤帝住在巖頂的宮闕中，裡面有一部天書。」於是禹去到東南方的會稽山（會，音「貴」。會稽山在今浙江省），以白馬的血祭祀山神，卻沒有得到任何回應。他再登上天柱峰，仰天長嘯，發抒鬱悶心情。

當天晚上，他夢見一位穿著紅色繡衣的男子，自稱是玄夷蒼水使者，對他說：「聽說舜帝派你來這裡，所以在此等候。此刻時間還未到，你且稍安勿躁，我會將日期和方法告訴你。」一向東望了望，說：「想要得到我山神的天書，必須先在黃帝巖下齋戒。三月庚子那天，再登上天柱峰，打開一塊石板，金簡天書就在裡面。」

禹醒來後，依言下山、齋戒，再於三月庚子日登山，果然找到一塊石板，揭開後，得到金簡天書。

禹從天書中領悟了疏通水路的原理，開發出四種交通工具，渡越山川草澤，開通天下水路。

---

①循：順流而下。
②泝：音「素」，溯流而上。
③盡、甄：窮究。
④履：鞋子。躡：穿上鞋子。履遺不躡：趕路趕得鞋子掉了都沒時間穿上。

【原典精華】

陸行乘車、水行乘船、泥行乘橇⑤、山行乘輂⑥。左準繩，右規矩⑦，載四時，以開九州、通九道，陂⑧九澤，度九山。

——《史記‧夏本紀》

禹治水成功，舜將天子之位禪讓給他。禹為政八年，天下安定，他回到大越之地（今浙江），登山會稽山，四方諸侯都來朝拜，死後就葬在會稽山。

大禹治水，功在百姓。他臨死時，傳位給益，可是人民擁護禹的兒子啟，於是建立了夏朝，也開啟王位世襲的傳統。

啟傳位兒子太康，太康傳中康，中康傳帝相。帝相不務正業，被后羿放逐（就是傳說中射下九個太陽那個后羿），后羿又被臣子寒浞篡位。直到帝相的兒子少康長大，才又復興夏朝（少康中興的故事這裡不贅述）。

少康唯恐大禹的祭祀斷絕，於是將自己的一個庶子封在越——這就是後來越國的由來，越國是本書三個主要國家之一。

⑤橇：音「敲」，形似船而小，兩端翹起。
⑥𨏼：音「橋」，一種特殊釘鞋，上山下山都方便。
⑦左準繩，右規矩：意為工具不離手。
⑧陂：儲水於湖沼、池塘。

前事3、穀王后稷

和大禹一道治水的功臣中，有一位奇人——后稷。「后」是國君，「稷」是穀物，后稷就是「穀王」，用今日的語言是「農業達人」。

后稷的來歷是一個傳奇：

后稷的母親姜嫄是帝嚳（五帝之一）的正妻。她嫁給帝嚳、尚未懷孕時，有一次到野外遊玩，看見一個巨大的人的腳印。當時心頭一陣莫明的歡喜，就踩了上去，立時感受到一股悸動，不久就懷孕了。

姜嫄擔心因此而揹上「淫佚」的惡名，就去請巫者占卜。得到神諭說：「妳命中本無兒子，因為妳踩了上帝的足跡，老天賜給妳一個兒子。」

雖然說是上天賜給的孩子，可是姜嫄心裡怎麼樣就是感覺彆扭。於是將孩子棄置在小巷子裡，但經過的牛馬都小心避開，不踩到小娃娃。姜嫄又想將孩子丟棄到樹林中，但樹

許多鳥兒飛來，
為棄兒保暖

林中剛好有很多伐木的人經過（不方便棄嬰）。於是將他放到結了冰的池塘中間，卻有許多鳥兒飛來，張開翅膀蓋住那小兒保暖。

姜嫄覺得這孩子有神力保護，才又將他抱回家撫養，長大命名為「棄」。

棄從小就喜歡種植各種農作物，並且研究各種不同性質的土壤，適合種植什麼作物；考察不同顏色的土壤與各種不同的地勢，讓各種不同的作物得到最適合的生長環境。

大洪水肆虐，老百姓紛紛遷避到地勢較高的地方居住。帝堯乃聘請棄，教導百姓在山區隨地勢造屋居住，並且研究在山區耕種的方法。三年多以後，老百姓不再面有飢色。於是堯任命棄為農師（農官），給他封地以及「后稷」的稱號，並以「姬」做為他的姓氏。

【原典精華】

姜嫄怪而棄於阨①狹之巷，牛馬過者，折②易而避之；復棄於林中，適會伐木之人多；復置於澤水冰上，眾鳥以羽覆之；后稷遂得不死。姜嫄以為神，收而養之，長因名棄。

——《吳越春秋．吳太伯傳》

后稷與他的兒子、孫子在堯、舜、禹，乃至後來的夏朝，世代都擔任農官。夏朝衰微之後，姬氏遷到西北戎狄地區，傳到古公亶父，深得西岐人民的愛戴。

古公亶父有三個兒子，老大叫太伯，老二叫仲雍，最小的叫季歷。季歷生一個兒子叫做昌，就是後來的周文王姬昌。古公亶父始終認定「將來光大門楣的一定是姬昌」，所以一心想要將國家傳給小姬昌。太伯、仲雍明白老爹的心意，就藉著「幫老爹去衡山（今湖南境內）採藥治病」的理由，去到了長江南邊的荊蠻地區。剪去長髮、身繪花紋、穿上少數民族的衣服，以示自己不再適合在宗廟主持祭祀，擺明了要讓位給小弟季歷。

太伯、仲雍得到荊蠻地區人民的愛戴，數年之間，人民殷實富足，又因為商朝後期中原諸侯相互爭戰，所以太伯在吳地建了城郭（今江蘇境內），以保衛人民。

古公亶父病重，臨終囑咐季歷「將國家讓給太伯」。古公逝世，太伯、仲雍回國奔喪，季歷要太伯繼位，太伯「三讓而不受」。於是季歷臨朝主持國政，太伯與仲雍仍回到吳地。

---

① 阨：通「隘」字，狹窄。
② 折：當為「輒」，刻板時為省筆劃而借用。

【原典精華】

古公三子，長曰太伯，次曰仲雍，少曰季歷，季歷生子昌。古公知昌聖，欲傳國以及昌。曰：「興王業者，其在昌乎！」太伯、仲雍知古公欲以國及昌。古公病，二人託名採藥於衡山。遂之荊蠻，斷髮文身，為夷狄之服，示不可用。

……

於是季歷蒞政。季歷卒，子昌立，號曰西伯；西伯卒，太子發立，任周、召而伐殷。天下已安，乃稱王，追謚古公為大王，追封太伯於吳。

——《吳越春秋‧吳太伯傳》

季歷死後，姬昌繼位，就是周文王。姬昌的兒子姬發伐紂、建立周朝，是為周武王。武王大封諸侯，太伯建立的吳國是其中之一。

這就是吳國的來歷，也是本書三個主要國家之一。

前事4、盤瓠子孫

帝嚳的宮中有一位老婦人，患耳疾多年，醫生從她耳中挑出一條金色的蟲，大如蠶繭。老婦人離去，醫生將金蟲放在瓠（音「互」，葫蘆瓜）瓢上，用盤子蓋起來。不多時，蟲子居然變成了一隻狗，身上有五彩花紋，乃將牠取名「盤瓠」，養在家裡。

當時，西方犬戎族有一位吳將軍，屢屢侵擾邊境，帝嚳懸賞：誰能取得吳將軍人頭，賞黃金千兩，封萬戶侯，並將最小的公主許配給他。

懸賞很久，都沒有回應。突然，有一天，盤瓠口裡啣著一顆人頭跑進宮中。帝嚳一看，赫然就是犬戎吳將軍的腦袋。

這下該怎麼辦？

群臣都認為：「盤瓠是個畜生，不能給牠官位，也不可將公主嫁給牠。」

小公主聽說此事，很勇敢的對父王說：「大王既然已經將我許諾天下，盤瓠也確實立

盤瓠口裡啣著一顆人頭
跑進宮中

下大功，為國除害，這是天意。國家領導人必須言而有信，不可因為女兒的身體，違背對天下的承諾，那將給國家帶來災禍。」於是，帝嚳讓小女兒跟盤瓠去了。

小公主隨著盤瓠入山，生下六男六女。他們在山中生活，用樹皮紡織，用草汁染布，衣服五色斑爛，如盤瓠身上的花紋，衣服也都有尾巴。盤瓠死了以後，公主回到娘家，告訴父親這些年來的遭遇。帝嚳派人將女兒的子女接下山來，可是他們語言不通、蹲在地上飲食，不喜歡都市生活。於是賜給他們大山大河，稱他們為「蠻夷」。

【原典精華】

高辛氏①有老婦人居於王宮，得耳疾歷時。醫為挑治，出頂蟲②，大如繭。婦人去後，置以瓠籬③，覆之以盤。俄而頂蟲乃化為犬，其文五色，因名「盤瓠」，遂畜之。

時戎吳強盛，數侵邊境，遣將征討，不能擒勝。乃募天下有能得戎吳將軍首者，購金千斤，封邑萬戶，又賜以少女。

> 後盤瓠銜得一頭，將造王闕。王診視之，即是戎吳。為之奈何？群臣皆曰：「盤瓠是畜，不可官秩，又不可妻。雖有功，無施也。」少女聞之，啟王曰：「大王既以我許天下矣。盤瓠銜首而來，為國除害，此天命使然，豈狗之智力哉？王者重言，伯者重信，不可以女子微軀，而負明約於天下，國之禍也。」王懼而從之。令少女從盤瓠。
>
> 後母歸，以語王。王遣使迎諸男女，天不復雨。衣服褊褳，言語侏離，飲食蹲踞，好山惡都。王順其意，賜以名山廣澤，號曰「蠻夷④」。
>
> ——《搜神記．盤瓠子孫》

商紂王時，南方蠻夷出了一位人才，名叫鬻（音「玉」）熊，成為西伯姬昌（後來成為周文王）的高級參謀之一。他的兒子、孫子在文王、武王、成王三代都是重要朝臣，周成王封鬻熊的曾孫熊繹到「楚蠻」，給他「子男之田」。

周朝的五等爵位是「公、侯、伯、子、男」，與熊繹同時輔佐成王的伯禽封「魯公」、姬牟封「衛侯」——就因為中原人瞧不起「蠻夷」。

到了春秋時代，周王室衰微了，一些公侯之國如魯、衛、虞、陳也衰微了，反倒是南方的楚國強大起來。

楚「子」發兵攻打隨「侯」。隨侯說：「我又沒得罪你！」楚子說：「我是蠻夷，不跟你講道理。如今諸侯個個相叛、相侵、相殺，對王室也不尊敬。我有一些敝甲（破舊的戰甲，說的是反話，其實是以武力相脅），可以扶助周王，但是要請王室將我的爵位『升等』。」

隨侯是王室同宗（姬姓），派使者去拜託周王，請求提升楚國的爵等，可是王室不接受（家道中落的王室仍然看不起非主流）。

熊通這下子火大了，說：「我的祖先鬻熊是文王的國師，只因為他死得太早，周成王只封給我們楚國子男之田。如今南方的蠻夷全都順服我楚國，只有你周王不識相。好，我自己封自己。」於是自立為楚武王，從此，楚國與周王室公開決裂。

---

① 高辛氏：帝嚳名高辛，黃帝的曾孫。
② 頂蟲：蟲名，一說是「金蟲」。
③ 瓠籬：葫蘆剖成的瓢狀用具。
④ 蠻夷：《搜神記》的定義，今湖北、湖南、四川一帶的「蠻夷」是盤瓠子孫，也就是周朝的楚國。

這就是楚國的來歷。而南方的楚、吳、越三國，正是本書的主要場景。

【原典精華】

楚伐隨。隨曰：「我無罪。」楚曰：「我蠻夷也。今諸侯皆為叛相侵，或相殺。我有敝甲，欲以觀中國之政，請王室尊吾。」隨人為之周，請尊楚，王室不聽，還報楚。楚熊通⑤怒曰：「吾先鬻熊，文王之師也，蚤⑥終。成王舉我先公，乃以子男田令居楚，蠻夷皆率服，而王不加位，我自尊耳。」乃自立為武王。

——《史記．楚世家》

⑤熊通：當時楚君的名字，也是第一個稱「王」的楚君。

⑥蚤：音「早」，與「早」字同義。

前事5、卑梁之釁

吳國、楚國的邊境上，兩國各有一個「卑梁」。（《呂氏春秋》說是楚國邊邑，《史記》說是吳國邊邑，推想是兩國都在擴張中，同一地剛好被兩國分占，這是邊界衝突的常見情況。）

卑梁的少女在野外採桑，相互嬉戲卻造成誤傷事件。受傷一方（楚國這邊）的家長帶著女兒前去理論，可是沒想到吳國一方態度強硬，楚國家長在盛怒之下，失手將對方家長打死了。這是鄉里間鄰人結怨的常見情形。

吳國這邊不甘鄰人被殺，出動尋仇，將對方全家殺了。這又是家族間結仇的常見模式。

楚國這邊的卑梁縣長大怒：「吳國人好大膽，竟敢打進我的地盤！」下令發兵攻打吳國的卑梁，將全村來不及逃走的老弱全都殺了。

吳王獲報大怒，發兵攻向楚國的卑梁城，攻克之後還下令屠城！

【原典精華】

楚之邊邑曰卑梁，其處女①與吳之邊邑處女桑②於境上，戲而傷卑梁之處女。卑梁人操其傷子以讓③吳人，吳人應之不恭，怒殺而去之。吳人往報之，盡屠其家。卑梁公④怒曰：「吳人焉敢攻吾邑！」舉兵反攻之，老弱盡殺之矣。吳王夷昧⑤聞之怒，使人舉兵侵楚之邊邑，克夷⑥而後去之。吳楚以此大鬭⑦。

——《呂氏春秋．察微》

這就是「吳楚世仇」的由來（也是成語「卑梁之釁」的典故出處）。原本只是一件鄰居小兒嬉鬧的小事，卻因為冤冤相報，演變成為國家之間的世仇，沒完沒了，倒楣的是老百姓。

歷史記載的都是帝王將相、英雄美人，可是一旦英雄人物之間冤冤相報，英雄的劫數，就成了人民的劫數。

①處女：少女。
②桑：此處做動詞，採桑。
③讓：責問。
④卑梁公：楚國稱邑守為「公」，也就是卑梁縣長。
⑤夷昧：吳王的名字（吳國姓姬）。
⑥克：攻下。夷：屠城。
⑦鬨：衝突。大鬨：交戰頻繁。

本事

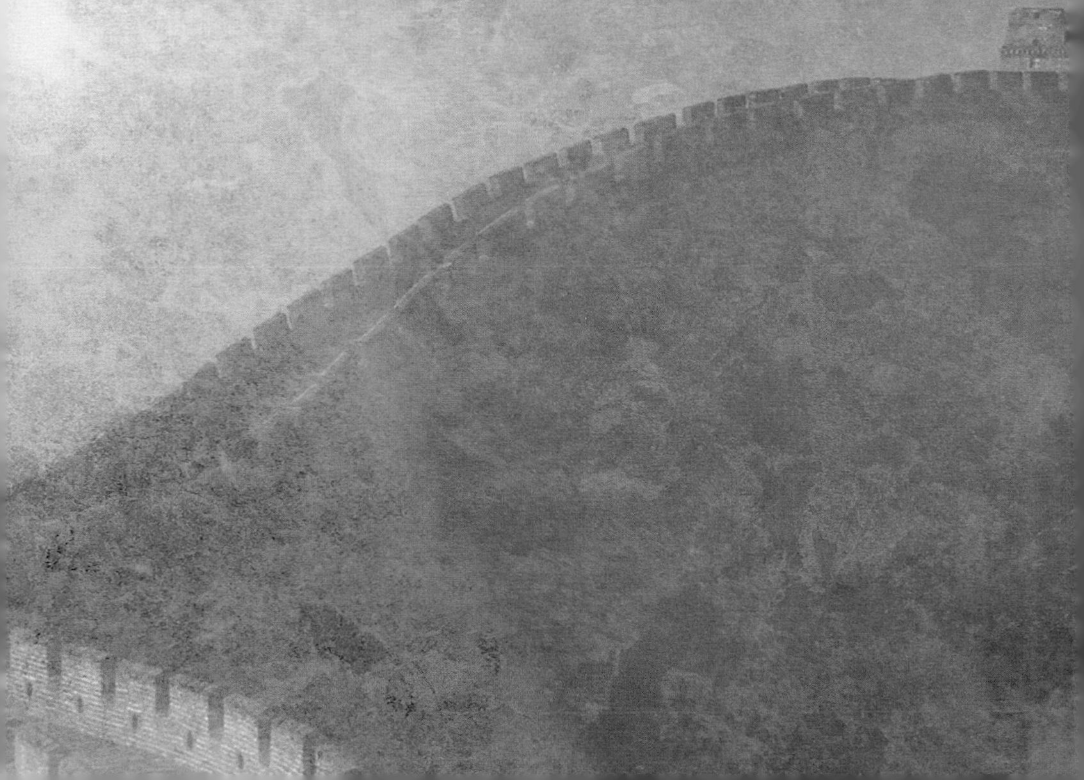

本事1、一鳴驚人

故事得從楚國開始講起。

前事中說到，楚武王與周天子翻臉，自己稱王之後，傳到楚成王，楚國開始強大。先是跟齊桓公南征大軍對上而沒有落下風，然後打敗並俘虜了宋襄公，再與晉文公打了一場大戰。那一仗雖然敗了，但是楚國接連跟春秋五霸中的三霸開戰，還能勝敗互見，楚國的南方霸主地位乃就此建立。

之後，再傳到楚莊王，卻是一位「荒唐少年」：即位三年不上朝，也不做任何指示、裁決，日夜享受舞樂。為了嚇阻大夫來囉唆，甚至下令：「有敢來進諫者，一律殺無赦！」

終於，有一位大夫伍舉實在忍不住了，直入莊王內宮，莊王正左手抱著鄭國美女，右手抱著越國美女，坐在樂隊的中間。伍舉說：「我不是來進諫的，是來給大王猜一個謎語。」

莊王叫他說來聽聽，伍舉說：「有一隻大鳥，停在土丘上面，三年不飛、也不鳴，那是什麼鳥？」

莊王答：「三年不飛，一飛就會沖天；三年不鳴，一鳴就會驚人。伍舉你退下去吧，你的意思我知道了。」

可是，過了幾個月，莊王反而更加淫樂（「淫」是過度、放縱的意思，不專指色情）。另一位大夫蘇從又進入內宮，見了莊王就放聲大哭。

莊王問他：「你哭什麼？」

蘇從說：「我哭我就要死了，楚國就要亡了。」

莊王：「你這話怎麼說？」

蘇從：「大王下令，進諫者殺無赦，所以我就要被殺了。大王再這樣下去，楚國怎能不亡呢？」

莊王：「你明知殺無赦，還要進諫。你難道不怕死嗎？」

蘇從：「如果能夠讓國君清醒過來，臣子死了也甘願。」

莊王聞言，推開左右美女，停止樂隊演奏。即日起上朝聽政，裁決明快果斷——誅殺好幾百人，晉升好幾百人。國家大政委付伍舉與蘇從二位大夫，楚國人心大悅。

【原典精華】

莊王即位三年，不出號令，日夜為樂，令國中曰：「有敢諫者死無赦！」伍舉入諫。莊王左抱鄭姬，右抱越女，坐鐘鼓①之間。伍舉曰：「願有進隱②。」曰：「有鳥在於阜③，三年不蜚④不鳴，是何鳥也？」莊王曰：「三年不蜚，蜚將沖天；三年不鳴，鳴將驚人。舉退矣，吾知之矣。」居數月，淫益甚。大夫蘇從乃入諫。王曰：「若⑤不聞令乎？」對曰：「殺身以明君，臣之願也。」

於是乃罷淫樂，聽政，所誅者數百人，所進者數百人，任伍舉、蘇從以政⑥，國人大說⑦。

——《史記．楚世家》

楚莊王奇蹟似的從一個昏君變成一位明君，因為他，楚國成為春秋五霸之一，甚至問鼎中原。問鼎中原的故事與本書無關，可是楚莊王問鼎中原的動機，卻大有關係。

①鐘鼓：指「樂隊」。
②隱：謎語。
③阜：土丘。
④蜚：「飛」的古字。
⑤若：你。
⑥任：託付。任……以政，指將大政託付某人（通常指「用某人為宰相」）。
⑦說：悅。古時字少，後來才發展出更多的字。「說」與「蜚」都是這種情形。

本事2、夏姬

夏姬是鄭穆公的女兒，嫁給陳國大夫夏御叔。古時候女子無名，夫家姓夏、娘家姓姬，就稱為夏姬。

夏姬天生麗質，《列女傳》形容她：「其狀（外貌）美好無匹（天下無雙），內挾伎術（有特殊功夫），蓋老而復壯者（青春永駐的妖姬）」，是非常含蓄的描述。野史的形容就精采了：「生具國色，姿容妖艷，見者銷魂。」至於她的特異功能，是十五歲時夢見一位異人，授以「吸精導氣」之法，也就是傳說中的「素女術」，或說「採補之術」。夏姬嫁給夏御叔，生子夏徵舒，十二歲時御叔病故。夏姬盛年新寡，不安於室，將夏徵舒留在城內修習六藝（禮樂射御書數），自己住在郊外的株林別墅。

兩位陳國大夫孔寧、儀行父早就垂涎夏姬美色，這下機會來了，先後成為株林別墅的入幕之賓。兩人當中，儀行父身貌俊偉，得夏姬偏愛；孔寧非常嫉妒，可是自己「競爭力

兩位大夫為夏姬
爭風吃醋

不足」，剛好陳靈公是個好色之徒，孔寧就引介陳靈公也成了株林別墅的入幕之賓（用國君壓倒情敵，屬於「精神勝利法」）。從此，君臣三人經常一同前往株林取樂，毫不避忌。後來，陳靈公愛屋及烏，讓夏徵舒當上了陳國司馬，執掌兵權。

夏徵舒既然位居要津，自然紙就包不住火了。有一天，夏徵舒聽說國君臨幸自家別墅，趕回家款待。卻聽見靈公對兩位大夫說：「我看徵舒長得跟你倆還滿像的。」孔、儀兩人說：「我們看比較像國君吧。」徵舒聞言怒火中燒，掩身馬廄門後，陳靈公酒足飯飽要回去時，被夏徵舒一箭射死。夏徵舒弒君之後，索性自立為陳侯，陳靈公的太子逃往晉國。孔寧和儀行父則逃往楚國。

楚莊王問他倆，陳國為何發生變亂。孔、儀二人向楚莊王敘述緣由，莊王原本就是個多情種子，一聽之下，對夏姬大感興趣。翌年，發兵陳國「平亂」，殺了夏徵舒，將夏姬帶回楚國，有意納她為妾。

楚國大夫申公巫臣對夏姬有意思，於是向莊王進諫：「大王是討伐弒君之罪而出兵陳國，如果娶了夏姬，就是因貪色而出兵，對大王爭取諸侯霸主的形象有損。」楚莊王聽進去了，登時決定不娶夏姬。可是，夏姬人已經進了王宮，該怎麼處理？申公巫臣就將王宮後牆推倒，帶著夏姬從王宮後面出去，沒讓人看見。

莊王不娶夏姬，帶兵討伐陳國的大將子玉對夏姬也有興趣。申公巫臣又去對子玉說：「夏姬是個不祥的女人，剋死夏御叔、害陳靈公被弒，又造成孔、儀二人流亡，自己的兒子也因她而被殺，還讓陳國因此亡國。天下女子多得很，何必娶這麼一個禍水？」於是子玉也放棄了念頭。

楚莊王將夏姬嫁給楚國大夫連尹襄老，可是襄老卻在對晉國的一次關鍵戰役中陣亡，連屍體都沒找到。誰想到，連尹襄老的兒子連尹黑要卻在父親陣亡之後，居然與繼母私通！

申公巫臣這時候去見夏姬，說：「妳在楚國很難混下去了，不如回娘家鄭國去吧，我過一段時間將會去娶妳。」夏姬聽他的話回了娘家。

【原典精華】

（陳女夏姬）其狀①美好無匹，內挾伎術②，蓋老而復壯者。三為王後，七為夫人。公侯爭之，莫不迷惑失意。

……

夏姬之子徵舒為大夫，公孫寧、儀行父與陳靈公皆通於夏姬，或衣其衣，或衷其襦③，以戲於朝。靈公與二子飲於夏氏召徵舒也，公戲二子曰：「徵舒似汝。」二子亦曰：「不若其似公也。」徵舒疾④此言。靈公罷酒出，徵舒伏弩廄門，射殺靈公。

……

莊王見夏姬美好，將納之，申臣諫曰：「不可。王討罪也，而納夏姬，是貪色也。貪色為淫，淫為大罰⑤。願王圖之。」王從之，使壞後垣⑥而出之。將軍子反見美，又欲取之。巫臣諫曰：「是不祥人也。殺御叔，弒靈公，戮夏南，出孔儀，喪陳國。天下多美婦人，何必取⑦是！」子反乃止。莊王以夏姬與連尹襄老，襄老死於邲，亡⑧其屍。其子黑要又通於夏姬。巫臣見夏姬，謂曰：「子歸，我將聘⑨汝。」

——《列女傳．陳女夏姬》

夏姬自認可以顛倒眾生，玩弄天下男人於股掌之上，為什麼就聽了申公巫臣的話回娘家呢？《列女傳》並未交代，野史則說：「申公巫臣儀容俊美，文武全才，擅彭祖房中之術。」彭祖是上古傳說中的仙人，活了超過八百歲，一直保持年輕的外貌，身邊總是有妙齡女子相伴。以此看來，申公巫臣跟夏姬「道行」相當，還真是天生一對。

①狀：外貌。
②伎：同「技」。伎術：指媚惑功夫。
③衷：穿在衣內。襦：小衣。衷其襦：將夏姬的內衣穿在裡面。
④疾：此處做「厭惡」用。
⑤大罰：天為大，天降重罰。
⑥垣：圍牆。
⑦取：通「娶」。
⑧亡：遺失，找不到。
⑨聘：迎娶。

本事3、申公巫臣

申公巫臣一直等到楚莊王駕崩，楚共王繼位，才設法謀得一個「出使齊國」的差事。巫臣將家中財產、家中能帶的都帶了，心裡根本不準備回楚國。因為他一心念著夏姬，假藉出使名義，去鄭國迎娶夏姬。這樣當然一定會開罪令尹子反，子反在楚國手握軍政大權，所以，肯定回不了楚國了。

申公巫臣出了郢都北門，遇到楚國大夫申叔跪，申叔跪看出巫臣舉動有異，對巫臣說：「奇怪咧，看先生的氣色，同時有兵災之禍與迎娶之喜，難道是為了女子而逃命嗎？」巫臣知道已被申叔跪識破，但卻又不能明說，只能支吾以對，匆匆話別。然後加倍兼程，趕到鄭國，見到了夏姬。

夏姬等了巫臣好幾年，一日重逢，兩人決定私奔。鄭國是夏姬的娘家，可是國家小，得罪不起子反，於是兩人投奔晉國，晉國接納巫臣為大夫。

子反得到消息，真是要氣炸了。可是晉國強大，不宜為了一個女人對晉國用兵。乃向楚共王建議：以重金致贈晉國，希望晉國不要給巫臣做官。巫臣若因此投奔他國，楚國就可以施壓將巫臣弄回楚國治罪。

楚共王說：「不必了。巫臣為了一名女子，已經毀了他的前程。況且，如果他對晉國能有貢獻，晉國豈會因為我送錢而不用巫臣？如果他沒有利用價值，晉國又豈會讓他做官？我們何必送錢給對手。」

子反的建議不被採納，可是愈想愈氣。於是和將軍子重合謀，將申公巫臣的家族「廢」了（自貴族中除名），兩人瓜分了巫臣家族的食邑。

申公巫臣在晉國聽到消息，派人帶了一封信給兩人，說：「你們這兩個奸詐、邪惡、貪婪的偽君子，我一定會使你們疲於奔命而死！」

【原典精華】

子重、子反殺巫臣之族①子閻、子蕩，而分其室②。巫臣自晉遺③二子書④，曰：

「爾以讒慝貪惏⑤事君，而多殺不辜，余必使爾罷⑥於奔命以死！」

——《左傳·成公七年》

巫臣向晉國獻策：教導楚國的世仇吳國戰爭技術（使用兵車），成為楚國後方的憂患。晉國於是派申公巫臣出使吳國，吳國聘請他的兒子狐庸擔任禮賓官，而巫臣父子開始教導吳國使用兵車作戰。

吳楚一向就有仇，只不過楚國比較強大。如今吳國學會了「現代戰爭技術」，一再侵伐楚國，子重與子反因而「一歲七奔命」：一年之內，七次為邊防警報而出師——申公巫臣實踐了他的詛咒。

①族：族人。子閻、子蕩：巫臣離去之後的家族首領。
②室：家產及食田。
③遺：音「未」，致送。
④書：信。
⑤讒：以言害人。慝：音「特」，奸邪。惏：音「婪」，同義。
⑥罷：音「疲」，同義。

本事4、費無極

中公巫臣教會吳國車戰，但是吳國仍不足以威脅楚國。反倒是楚國出了一個大奸臣，搞亂了楚國的政治，又把更多的楚國人才「逼」去吳國，這才造成兩國的國力消長易位。

這個奸臣名叫費無極，他是楚平王太子的老師。楚國王室姓芈（音「米」），太子名「建」。平王任命了兩位太子師傅：太傅伍奢，是前面「一鳴驚人」故事那位伍舉的兒子，同時也是楚國相國；太子少傅就是費無極。

楚平王聯合秦國對付晉國，於是要跟秦國聯姻：楚國太子芈建娶秦國的公主。並且派太子少傅費無極為迎娶特使。

費無極看到秦國公主長得非常漂亮，認為機會來了，就對平王說：「秦國公主美豔天下無雙，大王不如自己娶了吧。」楚平王也是個昏君，心想：「這並不妨礙秦楚兩國聯姻呀！」於是納秦國公主為夫人，另外幫太子建娶了齊國的公主。

楚平王娶了美麗新妃子，一連三天沒有上朝。相國伍奢認為這將是楚國的大災難，於是他披頭散髮（居喪不束髮），入宮進諫。

平王被他這副模樣嚇了一跳，問：「發生了什麼不祥之事嗎？」

伍奢說：「大王與兒子爭妻，這是顛倒倫常的行為，難道不愧對天地？我擔心國家因此遭受天譴，萬一發生不測之亂，君臣逃散，豈不是喪邦之難！」

伍奢的諍諫技術，比起他父親（伍舉用謎語諍諫楚莊王）實在差太遠了。如此直接且嚴厲的諫言，換哪個老闆都受不了。

楚平王當然氣炸了，可是卻不願為此降罪伍奢。他心想：「夏桀（夏朝亡國之君）寵愛妹喜、誅殺忠臣，商紂（商朝亡國之君）寵愛妲己、誅殺忠臣，我如果現在誅殺伍奢，豈不也會被說成桀紂一樣的昏淫之君。」

於是平王說：「相國沒聽說過嗎？已經成為事實，就不要多費唇舌；已經潑出去的水，不可能再收回。事情已經如此，你就別再說了。」

【原典精華】

伍奢聞之，忿怒，不懼雷電之威，披髮直至殿前，觸①聖情而直諫。

王即驚懼，問曰：「有何不祥之事？」

伍奢啟曰：「臣今見王無道，慮恐失國喪邦，忽若國亂臣逃②，豈不由秦公之女？與子娶婦、自納為妃，共子爭妻，可不慚於天地！此乃混沌法律，顛倒禮儀，臣欲諫交，恐社稷難存！」

王乃面慚失色，羞見群臣，曰：「國相可不聞道：成謀③不說，覆水難收。事已如斯，勿復重諫。」

——《敦煌變文．伍子胥變文》

①觸：犯。觸諫：犯顏直諫。
②國亂臣逃：暗示國君死亡，群臣四散。
③成謀：既成事實。

伍奢惹惱了楚平王，可是費無極卻因為立了這麼一件大功，而得到平王寵信。當然他已經不適合再服事太子，改在楚王身邊服務。可是，他幹了這檔虧心事，始終擔心一旦平王駕崩、太子繼位，肯定會遭到修理。於是他日夜不停的在平王耳朵邊「打針下藥」，先出主意將太子派去城父（楚晉邊城，今河南境內）駐守，太子太傅伍奢當然也跟著去到城父輔佐太子，不再擔任相國。然後費無極仍繼續不斷放話：「太子想要謀反」，要平王另立太子。

楚平王將太子太傅伍奢從城父召來郢都（楚國都城，今湖北境內）訊問：「太子為何謀反？」

伍奢說：「大王為何聽信讒賊小人的話，反而懷疑自己的親骨肉？」

楚平王稍有猶豫，費無極趕緊再「下藥」：「大王現在若不採取行動，一旦太子發動軍事政變，大王將成為階下囚，屆時悔之晚矣。」

楚平王於是囚禁伍奢，並下令城父司馬（城父的軍事長官）奮揚殺掉太子。奮揚私下警告太子，太子建逃奔宋國。

奮揚命令部下將自己綁起來，送往郢都。

平王問他：「話出自我口，入於你耳，是誰通知太子建逃走？」

奮揚說：「是我通知他的。當初大王命我輔佐太子，說『服事太子就像服事我一般』，我這是奉行大王當初的指示。對於後來的命令（殺太子），實在不忍心執行，所以通知他趕快逃走。」

平王問：「那你怎麼還敢來見我？」

奮揚說：「已經違反命令一次，如果再不來，是又一次違反君命，天地之間哪還有地方逃？」

平王叫他回去，仍然擔任原來的職務。

本事5、伍子胥

伍奢被囚禁在郢都大牢裡，費無極則成為楚平王身邊第一紅人。三年過去了，費無極小人疑心生暗鬼，若不斬草除根，他沒有一天睡得好覺。

於是對平王說：「伍奢有兩個兒子都很傑出，若不除掉的話，將來必成為禍患。」

平王問：「那該怎麼處理？」

費無極說：「可以用伍奢的生命來要脅他兒子。」

楚平王乃派人去牢裡對伍奢說：「你寫信叫兩個兒子來，就讓你活命，否則處你死刑。」

伍奢說：「我有兩個兒子。長子伍尚為人溫良恭儉讓，我叫他來，他一定會來。次子伍員（伍子胥）有安邦定國的才能，而且他會卜卦預知未來之事，只怕他算出是陷阱，不肯來。」

平王聞言，派出使者去「詐」伍尚、伍員。使者駕著駟馬（四匹馬拉的大車），帶著封爵的文書與印綬前往。對兩兄弟說：「恭喜兩位。大王非常後悔之前的行為（娶秦女、殺太子、囚伍奢），現在任命伍奢為宰相，封你兄弟二人為侯爵。我這次就是來頒發印綬的（綬，繫在印信上的絲帶）。」

伍尚對使者說：「父親囚在牢中三年，我晝夜思念，但求父親獲赦，不敢期待封侯。」

使者說：「這是大王的恩典，你就不要想太多了。」

伍尚進入屋內告訴伍子胥，子胥叫老哥坐下，不要急，且讓他卜一卦看吉凶。結果卦象顯示「君欺其臣，父欺其子」。伍子胥說：「去的話，準死無疑，哪有什麼侯爵可當？」

伍尚說：「我並非貪圖爵位，只是想見父親一面。」伍子胥說：「如果我們兄弟倆和父親一同被處死，這冤仇怎麼得報？冤仇若不能報，恥辱更大。你若就此前去，我倆將從此永別。」

伍尚說：「我若貪生不去，也會被世人恥笑，縱得終老於世，不能為父報仇，仍是廢物一個。你文武全才，富於謀略，父兄的冤仇只有你可以報復。我若能活著回來，是老天保佑；若埋屍地下，也是心甘情願。」

子胥說：「伍尚，你去吧，我也將義無反顧。但願災難不會降臨於你，否則後悔也來不及了。」

伍尚哭泣著與弟弟辭別，隨著使者前往郢都，不久之後，就和父親一同被殺。

伍子胥則開始他的亡命旅程。

【原典精華】

子胥曰：「尚且安坐，為兄卦之。今日甲子，時加於巳。支傷日下，氣不相受①。君欺其臣，父欺其子，今往方死，何侯之有？」

……

於是子胥歎曰：「與父俱誅，何明於世②？冤仇不除，恥辱日大。尚從是往，我從是決。」

尚泣曰：「吾之生也，為世所笑，終老地上，而亦何之！不能報讎，畢③為廢物。汝懷文武，勇於籌謀，父兄之仇，汝可復也。吾如得返，是天祐之。其遂④沉埋，亦吾所喜。」

子胥曰：「尚且行矣，吾去不顧。勿使臨難，雖悔何追！」旋泣辭行，與使俱往。

——《吳越春秋．王僚使公子光傳》

①「今日甲子」四句：五行甲屬木，子屬水，巳屬火。日為甲子，時為巳，木生火、但水卻剋火，卦象存在矛盾，所以伍子胥認定這是一個騙局。
②明：昭示。何明於世：怎能讓世人明白知道。
③畢：畢竟，總是。
④遂：就此。

本事6、申包胥

伍尚被囚，可是伍子胥逃了。費無極知道「斬草不除根，春風吹又生」，派出追兵，組拿伍子胥。

軍隊到了伍子胥家中，逼問伍子胥的妻子，伍妻說：「他帶著弓和箭逃亡了，大約已經走出三百里。」

追兵加緊追趕，在一片空曠的原野上，望見了伍子胥。伍子胥也看見了追兵，他不慌不忙，從箭囊中抽出一枝箭，搭上弓，一箭射出，正中追兵隊長的盔羽。

然後，他抽出第二枝箭，搭弓，瞄準。

隊長嚇得趴在馬背上，迴轉一百八十度，向後奔馳，軍士們跟著隊長急馳而去。

伍子胥高聲放話：「回去告訴楚王，如果不想滅國，就釋放我的父親和兄長。否則的話，楚國將成為一片廢墟！」

伍子胥的神射
嚇退了追兵

隊長回到郢都，自縛入見楚王，說：「臣懼怕伍子胥的弓箭，不敢靠近。只聽到伍子胥說，要大王放了他的父兄，否則將興兵滅楚。」

楚平王聞言大怒，說：「這個不自量力的小人，膽敢口出妄言，狂言狂語不要理他。」下令將伍奢、伍尚從獄中提出斬首。

伍奢臨死，說：「我一死不足惜，只擔心伍員沒來，楚國將永無寧日。」

楚平王聽說此事，更加怒不可遏，下令全國繪圖緝拿伍子胥。凡通報捉拿得伍子胥者，賞金千斤，封食邑千戶。若有窩藏者，斬首，並誅九族。

伍子胥逃出楚國國境，四顧茫茫，天下之大，竟不知何處可以容身。最後決定前往宋國，追隨太子建。

在前往宋國途中，子胥遇到少年時的知交申包胥。申包胥是楚國王室，又稱王孫胥。伍子胥對老朋友泣訴：「楚王殺我父兄，我能怎麼辦？」（意思是不得不叛逃出國。）

申包胥說：「唉！我若勸你報仇，是對楚國不忠；勸你放棄報仇，是對朋友不義。老友你去吧，我不能說什麼。」

伍子胥：「父母之仇不共戴天，兄弟之仇不容並存，朋友之仇不再見面。我與楚王不共戴天，一定會為父兄復仇雪恥。」

申包胥：「你能亡楚，我就能保全它。你能危害楚國，我就能安定它。」兩人就此分手，伍子胥直奔宋國。

【原典精華】

伍員奔宋，道遇申包胥，謂曰：「楚王殺吾兄父，為之奈何？」

申包胥曰：「於乎①！吾欲教子報②楚，則為不忠；教子不報，則為無親友也。子其行矣，吾不容言。」

子胥曰：「吾聞父母之讎，不與戴天履地③；兄弟之讎，不與同域接壤；朋友之讎，不與鄰鄉共里。今吾將復楚辜④，以雪父兄之恥。」

申包胥曰：「子能亡之，吾能存之；子能危之，吾能安之。」胥遂奔宋。

——《吳越春秋．王僚使公子光傳》

①於：音「嗚」。於乎：即今說「嗚呼」，表示哀傷的歎詞。
②報：報復。
③戴天履地：意指「共存於天地之間」。
④辜：罪。

本事7、太子建

伍子胥來到宋國，見到太子建（姓芈，音「米」），兩人抱頭痛哭，相互訴說費無極的奸謀，與楚平王的殘暴。

流亡在宋國的主從二人謀畫如何返回楚國，當然，他們想的都是「我鬥不過你，你活不過我」，只有等待楚平王駕崩，然後藉助外國力量返國登基。這是春秋時代很普遍的模式，包括春秋五霸中的齊桓公、晉文公都是循這個模式成為國君。

宋國由於是商朝後代，在周朝諸侯之中立場超然，曾經有過多次協助諸侯流亡王儲回國的紀錄。可是，那一個時間點的宋國卻不是理想的「依靠」。宋元公不得人心，強勢大夫家族華（音「化」）氏發動政變，殺了宋元公。宋國陷入內戰，太子建與伍子胥見此處非久留之地，乃投奔鄭國。

鄭定公對太子建十分禮遇，原因之一是鄭國長時間處於晉、楚兩強之間，每次兩強開戰，受傷的都是鄭國。即使和平時期，兩強也不時向鄭國要求進貢。如今，一位極有希望的楚國王位競爭者流亡在鄭國，當然應該予以禮遇，看起來這是一筆不錯的政治投資。

然而，對太子建來說，鄭國的國力不足以幫助他回國競爭王位，具備這種實力的，必須是晉、齊、秦這種大國。因此，當他有一次訪問晉國，晉頃公向他提議：「太子在鄭國既然受到禮遇與信任，如果能夠做為內應，幫助晉國滅了鄭國，寡人就將鄭國封給太子。」這個提議當然令太子建十分心動。

回到鄭國，太子建將晉頃公的提議與伍子胥商量。

伍子胥說：「這件事幹不得。從前，秦國將領協防鄭國，也曾想要做為內應，讓秦軍偷襲鄭國，後來被識破，連逃命的去處都沒有。鄭國既然有如此前車之鑑，必定對這種事有極高的警覺性，所以這事不能做。更何況，鄭定公對我們既信任又禮遇，豈可忘恩負義，算計人家？」

太子建說：「可是我已經答應晉頃公了。」（不做就是對晉國食言。事實上，太子建已經陷入左右皆不是的困境。）

伍子胥說：「不實現對晉國的承諾，未必獲罪（因為晉國不能張揚）。但若圖謀鄭國，從此信義俱失，將來還有什麼顏面立足於天下？太子如果一意孤行，恐怕大禍即將臨頭。」

太子建的貪心蒙蔽了理性判斷，他對伍子胥的直言進諫很不開心，認為伍子胥既無禮又無膽，將他斥回。

結果，太子建的一位侍從告密，鄭定公先下手為強，殺了太子建。伍子胥早就知道事跡一定會敗露，提前離開了鄭國都城。這一次，他逃亡的方向是吳國。

【原典精華】

員諫曰：「昔秦將杞子、楊孫謀襲鄭國，事既不成，竄身無所①。夫人②以忠信待我，奈何謀之？此僥倖之計，必不可！」

建曰：「吾已許晉君臣矣。」

員曰：「不為晉應，未有罪也。若謀鄭，則信義俱失，何以為人③？子必行之，禍立至矣。」

建貪於得國，遂不聽伍員之諫。

——《東周列國志．伍子胥過昭關》

①竄：逃。竄身無所：沒地方可逃。
②夫：語助詞，無義。人：指鄭定公。
③何以為人：要怎麼面對世人。以太子建的處境，若失去信義，將為國際所鄙視，對爭取王位大不利。

本事8、蘆中人

鄭國繪圖懸賞捉拿伍子胥，伍子胥知道楚國肯定也一樣，他的最佳路線就是沿著兩國交界的河流（溧水）往吳國走，必要時就渡河躲避岸上追兵。

伍子胥到了溧水邊，才發現江水比他想像的要遼闊得多。然後，他看到江中有一條漁舟，正逆流而上。

伍子胥對著船上打魚人呼喚：「漁父啊，請渡我過江！」（父：尊稱長者，猶如今日稱「大叔」）連呼了兩聲。

這樣喊了兩聲，漁父聽到了，原本打算渡他過江，卻看見岸上有人窺探。漁父於是歌唱：「日頭明亮啊，漸漸西斜；與你會合啊，在蘆葦岸邊。」伍子胥聽出歌中含意，往上游走，進入蘆葦叢中躲藏等候。

接近黃昏了，漁舟駛入蘆葦叢，漁父又唱：「日已西沉啊，我心憂傷；月已上升啊，

漁父帶來食物，
卻不見伍子胥人影

何不渡江？風聲緊急啊，該怎麼辦？」

伍子胥現身，進入船艙，漁父在名叫「千潯之津」的渡口，送他到對岸。（尋，水深單位，一尋八尺。津，渡口。千潯之津，顧名思義江水極深，追兵無法騎馬涉水而過。）

【原典精華】

子胥呼之，謂曰：「漁父渡我！」如是者再①。

漁父欲渡之，適會②旁有人窺之，因而歌曰：「日昭昭乎侵已馳③，與子期乎蘆之漪④。」子胥即止蘆之漪。

漁父又歌曰：「日已夕⑤兮，予心憂悲！月已馳兮何不渡為？事寖⑥急兮當奈何？」

子胥入船，漁父知其意也，乃渡之千潯之津。

——《吳越春秋．王僚使公子光傳》

到了對岸，漁父見子胥面有飢色，就對子胥說：「你在這樹下等我，我去幫你張羅食物。」

伍子胥說：「我只求渡河，不敢再要求食物。」

漁父說：「麒麟也得吃飽，才能日行千里；鳳凰也得吃飽，才能飛騰四海。」話說完，將船停靠在蘆葦灘的一棵樹下，自己回家去張羅食物。

漁父走了，伍子胥在蒼茫暮色中，愈來愈不安，心想：「他會不會去告官來抓我？」於是離開船隻，藏身到蘆葦叢深處。

一會兒，漁父回來了，帶來麥飯、魚羹，還有一壺酒。但是只見船在樹下，船上卻不見人影，料到是怎麼回事，於是又唱歌：「那位躲在蘆葦中的人啊，你不就是方才落難的壯士嗎？」唱了兩次，伍子胥才從蘆葦中應聲而出。

漁父說：「我去為你取食，難道還懷疑我嗎？」

伍子胥心中慚愧，嘴上卻只好說：「我的性命是上天給的，今天則交在老丈的手中，怎會懷疑呢？」

酒足飯飽，伍子胥解下身上寶劍，送給漁父，說：「這是先父的佩劍，上面鑲有北斗七星，價值百金，以此答謝老丈。」

漁父說：「我聽說楚王下令：誰抓到伍子胥，獎賞粟米五萬石，封執圭之爵。這些我都不要，又豈會貪圖百金之劍呢？」堅辭不受，並催促伍子胥快點上路。

子胥問漁父的名字，漁父說：「今天風聲甚緊，你是通緝犯，我是渡楚賊。兩個罪犯情義相投，只須默契，不須語言，問姓名幹嘛？你是蘆中人，我是漁丈人，他日若富貴，不要相忘就好了。」

伍子胥辭別漁父，走了幾丈遠，又回頭叮嚀：「老丈，請將您的酒壺收藏好，別給人看見了。」漁父答應他。

子胥走沒幾步，又回頭看，卻見那漁父已經將船弄翻，自沉於江底了！

伍子胥面對江水，默然無語。

---

①再：兩次。
②適：剛好。會：遇到。
③昭昭：明亮。侵：通「浸」、「寖」，逐漸。馳：形容時間快速過去。
④漪：岸邊。
⑤夕：日落。
⑥寖：逐漸。

【原典精華】

漁父曰：「今日凶凶⑦，兩賊相逢，吾所謂渡楚賊也。兩賊相得⑧，得形於默⑨，何用姓字為？子為蘆中人，吾為漁丈人，富貴莫相忘也。」

——《吳越春秋．王僚使公子光傳》

⑦凶凶：洶洶，動盪不安。
⑧相得：情投意合。
⑨形：表現。默：無言。得形於默：有默契，無須多言。

本事9、浣紗女

伍子胥跋山涉水，路上感染風寒，生了一場大病。飢病交迫之下，來到溧陽縣，這裡已是吳國境內。

行至溧水畔，風中船來擊綿之聲（綿紗染色後在水中漂洗，用木棒用力搥打，也就是「浣紗」發出的聲響），循聲前往，見有一名女子蹲在水邊浣紗。伍子胥靠在一棵樹旁，小心觀察，見那女子是單身一個人，身旁竹籃裡有食物，於是走向前。

浣紗女從水中倒影看見一名男子走來，舉頭相望，見他步履踉蹌，面帶飢色，可是相貌不俗，腰間配劍，心知必非常人。再稍做端詳，很像楚王懸賞畫像上那個人，心中已猜到七、八分。

伍子胥開口：「夫人可願意賑濟窮途路人一餐嗎？」

浣紗女說：「我雖然家境不豐，有幸得遇君子，又怎會吝惜一餐？君子是何方人士，流落至此。」

伍子胥說：「我是楚國人，受命出使越國，卻被盜賊搶劫，僥倖得生。聽到夫人擊綿的聲音，循聲而來。請問往會稽的路怎麼走？」

浣紗女說：「既是使節，怎麼不走官道？吳國與楚國世仇，楚國使節又怎麼會經過吳國去越國？聽說楚王繪圖緝拿要犯伍子胥，吳國官員也在邊界等候呢。」

伍子胥聞言，立即坦承：「在下正是伍子胥，但望夫人賞賜一餐，並且指點前往吳國都城的方向。」

浣紗女打開食籃，盛上飯、羹，長跪奉上食物。伍子胥吃了兩碗，就停止了。

浣紗女說：「我與母親一同居住，三十歲尚未出嫁，本不應該拿飯給陌生男子吃。但見將軍相貌不俗，眉宇之間有不平之意，料想必有大志，所以才不必男女之嫌。將軍請儘量吃飽，吃飽了好趕路。」

伍子胥說：「夫人救濟一位窮途末路的人少許食物，慈悲善行沒有避嫌的問題。」

吃飽了，伍子胥告辭上路。走了幾步，卻又回頭對浣紗女說：「請夫人將食籃掩蓋起來，免得引人懷疑。」

浣紗女說：「唉！我守身三十年，以貞節自勉。為什麼要給一位陌生男子食物呢？你去吧，我的行為已經有虧婦道，自己也不能原諒自己。」

伍子胥走出不遠，回頭再看，那浣紗女已經抱石投江自盡了。

本事10、季札

伍子胥歷盡艱險，終於到了吳國。

然而，此刻的吳國卻正處在山雨欲來風滿樓的詭譎氣氛當中，一場政治風暴隨時都會襲來。

本書「前事」已交代吳國的緣起，「太伯讓國」成全了周文王，間接成就了周朝。可是，吳國的「讓位DNA」卻正是眼前政治風暴的緣由。

吳國傳到吳王壽夢時開始茁壯，開始敢跟強大的楚國對抗。申公巫臣也是在吳王壽夢時來到吳國，教會了吳國軍隊使用機弩，以及車戰技術。

吳王壽夢有四個兒子，長子諸樊、次子餘祭（讀音「債」）、三子餘昧（讀音「莫」）、幼子季札。壽夢特別喜歡季札，因為季札醉心於禮樂，非但不像「蠻夷」，甚至令中原諸侯的大夫之家也相形見絀。壽夢認為季札可以帶領吳國跳脫「蠻夷之邦」。所以，他臨終時想要立季札為太子。

可是季札滿腦子禮樂，說：「禮就是制度，怎麼可以君王的私情，破壞先王的制度？」堅持不肯即位。於是長子諸樊在制度和父命之間折衷「攝行國事」，並且言明：之後兄終弟及，最後傳位給季札。季札的封邑在延陵，稱號為「延陵季子」。

季札不想當國君，向諸樊請求擔任巡迴大使，前往列國做友好訪問。先後去到魯、齊、鄭、衛、晉等國，與這些國家的國君、宰相、執政大夫交往，在國際間博得高度評價。

他最受後人稱道的，是「延陵掛劍」的故事：

季札巡迴第一站到了徐國（今江蘇徐州附近）。徐國國君看到季札的佩劍，非常喜歡，不好意思開口，只是愛不釋手。季札看出徐君的心意，但因為自己還要繼續北上，佩劍是當時重要的禮儀服飾，所以不能送給徐君，然而心裡已經默許。

回程時再經過徐國，徐君已經去世。季札去到徐君墓前祭弔，然後解下佩劍，繫在墓旁樹上而離去。

季札的隨從說：「徐君已經死了，您的寶劍又送給誰呢？」（劍掛在樹上，誰曉得落入何人之手？）

季札說：「不是這樣說的。之前我已經心許要送給徐君，怎能因為他死了，就違背當

季札將寶劍
掛在徐君墓旁的樹上

初的默許呢？」

【原典精華】

季札之初使①，北過②徐君。徐君好季札劍，口弗敢言。季札心知之，為使上國③，未獻④。還至徐，徐君已死，於是乃解其寶劍，繫之徐君家⑤樹而去。從者曰：「徐君已死，尚誰予乎？」季子曰：「不然，始吾心已許之，豈以死倍⑥吾心哉！」

——《史記．吳太伯世家》

以今天的觀點來看，季札似乎太不知變通了，應該可以有更多方法來表達個人的信用，而不致讓寶劍「不知所終」。但是在古代，這項作為贏得了普遍的讚揚，「延陵掛劍」

或「季札掛劍」甚至成為守信用的代詞。

季札回到吳國，王位也由老大諸樊傳老二餘祭，餘祭傳老三餘昧，餘昧坐了四年王位，也死了。吳國貴族要立季札為君，季札說：「我絕不擔任國君，心意已明。富貴之於我，如秋風吹過耳旁（毫不戀棧）。」於是逃歸延陵。吳國貴族乃擁立餘昧的兒子州于為國君，稱號為吳王僚。

春秋時代周禮已經大壞，子殺父、臣弑君的事件屢見不鮮。吳國卻仍能維持兄弟讓位的古風，實在難能可貴。誰曉得，就此埋下了政變的火種。

①初使：出使的第一站。
②過：同「過從」之過，交往、拜訪。
③上國：季札出訪的路線，以今日地理來講，是由蘇州向北走，最先到徐州，也就是徐君之國。然後繼續北上，所以稱「上國」，經山東（魯、齊）到河南（鄭、衛）、山西（晉），然後折回。
④獻：致贈。
⑤家：應為「冢」，墳墓。
⑥倍：同「背」，違背。古時字少借用。

本事11、公子光

吳王僚繼承父親的王位，父死子繼似乎理所當然，可是在吳國卻因為之前的兄終弟即而有爭議。諸樊的嫡長子公子光認為，當初諸樊傳弟不傳子，是為了要傳給季札，如今季札不接受，理當傳回老大諸樊的長子，回到「嫡長制」的正軌。如今傳給王僚，公子光當然不服氣。

不服氣歸不服氣，形勢比人強，王僚坐在位子上，掌握國家機器，操生殺大權。他的兩個弟弟蓋餘、燭傭掌握兵權，防衛森嚴；王僚的兒子慶忌是個勇士，號稱「萬人敵」，領兵駐守前線；一切都在王僚掌握之中，公子光難以「翻盤」。

王僚當然也曉得公子光心懷異志，就差一個好理由除去這個心腹之患。最好的方法，就是派他帶兵伐楚，若吃了敗仗，就有理由殺他了。

王僚即位第二年，派公子光領兵伐楚，吳軍敗陣，甚至失落了先王餘昧的座舟「餘皇」。這可以成為王僚最好的理由，因此公子光當時不敢撤軍回國，停留在邊境，整頓殘兵賸勇，拚死反撲，打了一場小勝仗，奪回「餘皇」，這才敢班師。

一次不成，還有下次。幾年後，再派公子光伐楚。可是公子光這次打了勝仗，大敗楚師。又隔一年，再派公子光伐楚，這一次，戰果更豐富，奪下兩處城邑。王僚非但沒能抓到殺公子光的口實，反而大大提高了公子光在吳國人心目中的地位。

雖然如此，公子光仍每天生活在恐懼之中。他人單勢孤，只能暗地裡尋訪人才，羅為黨羽。於是任命一位善於看面相的人，擔任管理市場的官吏。幹嘛？市場上每天人潮進出，看到相貌不凡的人，就可以拉攏收為己用。

伍子胥就在這個時候到了吳國。

本事12、裝瘋

伍子胥到了吳國，他畢竟是逃犯身分，不能太引人注意。可是他也不是來退隱山林的，他志在復仇，必須找到有力的支持者。如此兩難處境下，他想出一招：將頭髮披散，假裝瘋子，光著雙腳，臉上塗著泥巴，在市場中行乞。這樣，一般人不會注意他，可是會引起「有心人」注意。

公子光任命的，那位善於面相的市場官吏就注意到他了，心想：「我閱人多矣，卻從未見過此人，莫非是別國的逃亡貴族？」於是向公子光報告，公子光研判這個「相貌不凡的瘋子」的來歷，很可能就是楚國的要犯伍子胥。一向聽說伍子胥智勇雙全，就很想要拉攏他。

可是，那位市場官吏再回去找伍子胥，卻沒了蹤跡。

原來，吳王僚的一位臣子經過市場，看見一個瘋子異於常人，去向吳王報告。

王僚一聽，驚喜的說：「我昨夜夢見有賢人入境，莫非就是此人？趕快帶他來見我。」那位官員帶著伍子胥入宮見吳王僚，王僚一看，怪怪：身高一丈（相當今日二百三十一公分），腰十圍（相當今日一百五十五公分），眉間寬一尺（二十三公分）。這是史書上的記載，身材高大雄偉還可想像，「面子」之大，實在難以想像！

【原典精華】

……於是與子胥俱入見王，王僚怪①其狀偉②：身長一丈，腰十圍③，眉間一尺。

——《吳越春秋・王僚使公子光傳》

王僚與子胥對談三天，子胥沒有重複過任何論點（學識淵博），不禁讚歎：「真是個人才啊！」伍子胥發現吳王僚很欣賞他，就增加了入見的頻率，且漸漸展露其英勇氣概，只要提及他的父兄之仇，就表現出急切的神情。吳王僚愛惜人才，乃有意發兵為伍子胥報仇。

公子光對這種情況開始擔心：如果吳王僚為伍子胥出兵，伍子胥必定為王僚賣命，就不可能和他同謀了。於是對王僚說：「伍子胥只是為了報私仇，可不是為了吳國。」王僚因此打消了出兵伐楚的念頭。

伍子胥發現，事情卡在公子光。然而，他同時發現，吳王僚優柔寡斷、猜忌心強。相反的，公子光才是一位雄才大略的人物。同時，吳王僚有兄弟、兒子，不如公子光沒有兄弟，比較可能授與大權。也就是說，公子光如果當了吳王，對他實現復仇大計比較有利。於是去對吳王僚說：「諸侯不應該為了一個匹夫（平民）而與鄰國起干戈。」然後住到城外自耕為生，一方面遠離吳王，一方面可以方便與公子光來往，而不引人注意。

①怪：詫異。
②狀：體型。偉：高大。
③一丈十尺，一尺二圍。

本事13、專諸

公子光果然找上門來，並向伍子胥傾訴自己的委屈。伍子胥開門見山的，毫不保留的說：「王僚有兄弟、有兒子，公子想要成為吳王，只有刺殺王僚一途。我可以推薦一位最佳刺客給公子。」

伍子胥推薦的刺客名叫專諸，專諸又是什麼角色呢？

伍子胥從楚國逃往吳國途中，在客店遇到兩人爭執，眼看就要打起來。其中一人氣勢之猛，幾乎可以萬夫莫敵形容。可是，突然間，那人的妻子一聲呼喚，他居然如洩了氣一般，立刻回家。

伍子胥對此感到不解，打聽到此人名叫專諸，就去他家裡拜訪，問他：「你堂堂男子漢，正在盛怒之時，怎麼會聽到一個女子的聲音，掉頭就回呢？是刻意要討好她嗎？」

專諸說：「你看看我的容貌身材，難道像個蠢才懦夫嗎？怎麼會將我想得如此不堪呢？你要曉得，能屈身於一人之下，就能出頭於萬人之上。」

伍子胥這才仔細端詳專諸：額骨高、眉骨聳、眼眶深，虎一樣的胸、熊一樣的背，一看就是一位勇於赴難的勇士，於是刻意與他結交為朋友，以為日後之用。

【原典精華】

專諸方與人鬥，將就敵，其怒有萬人之氣，甚不可當，其妻一呼即還。子胥怪而問其狀：「何夫子之怒盛也，聞一女子之聲而折①道，寧有說②乎？」專諸曰：「子視吾之儀，寧③類愚者也？何言之鄙也？夫屈④一人之下，必伸④萬人之上。」

①折：返。
②說：同「悅」，古時字少而借用。
③寧：難道。
④屈：居人之下。伸：居人之上。大丈夫能屈能伸的意思。

子胥因相其貌：碓顙⑤而深目，虎膺⑥而熊背，戾於從難⑦。知其勇士，陰⑧而結之，欲以為用。

——《吳越春秋．王僚使公子光》

公子光得到專諸，如獲至寶，備極禮遇。向專諸吐露自己的委屈，說：「是上天讓您來輔助我這個失根的孤兒。」

專諸說：「先王餘昧過世，他的兒子王僚繼位，這是他分內應得的，公子為什麼會想要刺殺他呢？」

公子光將吳王壽夢的遺命、諸樊兄終弟即的約定過程，向專諸詳細述說一遍，表示：「如果說要遵從嫡長制，應該我才是嫡長，憑什麼輪到王僚呢？」

專諸說：「為什麼不理直氣壯的在朝廷上力爭，說服國人歸心，而要採用如此下策呢？這樣豈不有損先王（諸樊）德意！」

公子光：「王僚這個人，素來貪利忘義，仗著自己的勢力，不可能退讓。堂堂正正的方式，對他是無效的。」

專諸：「公子這些話經常向人表露嗎？在下又能有什麼貢獻呢？」

公子光：「這些話從未向人說過，這是關係社稷宗廟的大事，普通人是不能參與的，我只能完全仰仗壯士了。」

專諸：「好吧！請公子現在就下達命令。」

公子光：「此刻時機尚未成熟，必須要耐心等候機會出現。」

【原典精華】

光既得專諸而禮待之。公子光曰：「天以夫子輔孤之失根也。」

專諸曰：「前王餘昧卒，僚立自其分⑨也。公子何因而欲害之乎？」

光曰：「……餘昧卒，國空，有立者適⑩長也。適長之後，即光之身也。今僚何

⑤碓：音「對」，舂米臼。顙：音「嗓」，額頭。碓顙：額頭凸出如碓。
⑥膺：胸。
⑦戾：勇敢。戾于從難：勇於赴難。
⑧陰：私下。
⑨分：本分。

以當代立乎？……」

專諸曰：「何不使近臣從容言於王側，陳前王之命，以諷其意，令知國之所歸⑪。何須私備劍士，以捐⑫先王之德？」

光曰：「僚素貪而恃力，知進之利，不睹⑬退讓。吾故求同憂之士，欲與之并力。惟夫子詮斯義也。」

專諸曰：「君言甚露⑭乎，於公子何意也？」

光曰：「不也，此社稷之言也，小人不能奉行，惟委命矣。」

專諸曰：「願公子命之。」

公子光曰：「時未可也。」

——《吳越春秋．王僚使公子光》

⑩適：同「嫡」，古時字少借用。
⑪歸：歸心。
⑫捐：應為「損」字之誤。
⑬睹：看見。不睹：未曾見過。
⑭露：透露。甚露：廣為透露。

本事14、魚腸劍

對專諸這樣的專業殺手而言，等待時機絕非意味著偷懶休息。他問公子光：「刺殺一位國君非比尋常，必定戒備森嚴。只有以他最喜歡的事物，讓他放鬆戒心。請問吳王有什麼嗜好？」

公子光說：「吳王喜好美食。」

專諸：「美食中，他最喜歡哪一味？」

公子光：「他最喜歡吃烤魚。」

於是專諸去到太湖邊，跟人學烤魚的技術，三個月之後，已經能夠掌握烤魚美味的要領。然後他回到姑蘇，耐心等待公子光的命令。

這一等，等了好幾年。在這幾年當中，王僚又派公子光伐楚，再度贏得重大勝利。公子光的聲望地位更高，而王僚對他的戒心也更甚。

烤魚腹中
藏著一支鋒利的匕首

此時卻傳來消息「楚平王駕崩」。伍子胥為此一個人關在屋子裡哭泣，因為他的殺父仇人居然死了，他日有所思、夜有所夢的復仇大計，頓時失去了對象。許久之後，他想通了：「只要楚國還在，就有報仇對象，我擔憂什麼呢？」他將滿腔的仇恨，轉移指向自己的祖國！

吳王僚認為，楚國新遭國喪，此時是攻打楚國的大好機會。這一次，王僚認為勝面極高，同時他不再放心讓公子光掌握大軍，乃改派自己的兩個弟弟蓋餘、燭傭領兵出征，並且請出季札出使晉國，相機接應。但是人算不如天算，吳軍卻被楚軍截斷後路，大軍被困在楚國境內。

伍子胥對公子光說：「現在是最好的時機，機會不再來，不可錯失。」

公子光認同這個看法，對專諸說：「吳王的弟弟領兵在外，吉凶未卜，是最好時機。」專諸也同意，說：「確實是最佳時機。王僚此刻的情況，母老、子弱，外受困於楚，內無大臣輔佐，將無以抵擋我們的狙襲。」

公子光設下宴席，邀請吳王僚吃烤魚，說是「最近得到一位烤魚高手，他烤的魚美味無比」。美食的誘惑掩蓋了王僚的戒心，他答應公子光出席宴會。

到了宴會那天，王僚對母親說：「公子光設宴邀請我去他家吃烤魚，希望他沒有不良企圖。」

母親說：「光一向心懷怨憤，你一定要加倍提防。」

母親殷殷叮囑，王僚乃格外謹慎：貼身穿著三層「棠鐵之甲」（春秋時，棠谿以鑄造兵器而聞名），衛兵密布，從宮門一直排到公子光的家門。筵席上，左右都是王僚的親信，坐著、站著的侍衛都手執長戟。

酒過三巡，公子光藉口「上次出征足部受傷，迄今傷口未癒，要入內換藥」而離席。此時，「烤魚高手」專諸上菜了，一條香噴噴的烤魚，魚腹中藏著一支名劍「魚腸」（顧名思義是一支精巧的匕首）。

專諸神色洋洋如平常，跪在王僚面前分剖魚肉。說時遲，那時快，魚腸寶劍推向吳王僚的胸口。吳王的侍衛反應同樣快，好幾枝利戟立刻刺進專諸胸口，胸開骨斷。然而，匕首的去勢絲毫未受妨礙，穿過三層鐵甲，直透王僚後背。

吳王僚當場死亡，吳王的侍衛當場殺了專諸，公子光埋伏的甲士殺出，將王僚的親信、侍衛全部殺光。

兵變成功，公子光自立為王，就是史上有名的吳王闔閭。

【原典精華】

公子光伏甲士於窋室①中，具酒而請王僚。僚白其母曰：「公子光為我具酒來請，期無變悉②乎？」母曰：「光心氣怏怏③，常有愧恨之色，不可不慎。」王僚乃被④棠鐵之甲三重，使兵衛陳⑤於道，自宮門至於光家之門，階席左右皆王僚之親戚，使坐立侍者皆操長戟交軹⑥。

酒酣，公子光佯為足疾，入窋室裹足，使專諸置魚腸劍炙魚中進之。既至王僚前，專諸乃擘⑦炙魚，因推匕首，立戟交軹倚專諸胸，胸斷臆開⑧，匕首如故，以刺王僚。貫甲達背。

王僚既死，左右共殺專諸。眾士擾動，公子光伏其甲士，以攻僚眾，盡滅之。遂自立，是為吳王闔閭也。

——《吳越春秋・王僚使公子光傳》

闔閭即位之後，季札自晉國出使回到吳國，闔閭向他表示「王位應該是季札的，情願讓位」。季札當然不會接受，闔閭也當然不會堅持。季札到王僚墓前獻祭，以示覆命，大哭一場之後，回去自己的封邑延陵。

①窋：即「窟」字。窋室：地下室。
②變悉：變意，造反的意圖。
③怏：音「樣」。怏怏：不服氣。
④被：音「披」，穿在裡面。
⑤陳：排列。用法同「陳設」之陳。
⑥軹：枝。交軹：長戟交錯如枝。
⑦擘：分剖。
⑧臆：音「亦」，當胸的部位。

本事15、吳王闔閭

吳王闔閭對伍子胥說：「若不是先生，寡人恐不免於被獄卒呼來喝去。請先生教我治理國家之道。」

伍子胥說：「我聽說，一旦憂患解除了，謀議之臣將不為君主所信任。我只是一個楚國的亡命之臣，焉敢參與吳國大政？」

闔閭說：「你放心，我不是那種過河拆橋的人。吳國偏處東南海邊，地勢不平，不利農作物耕種，江海（漁業）又充滿危險，要怎樣才能振興產業，讓國家富強呢？」

伍子胥說：「要想建立霸主的功業，必須由近及遠。先建立城郭，設置守備，充實糧倉儲備兵器。」

闔閭說：「太好了，我就全權託付先生進行。」

伍子胥著手興建一座大城，先派人測量地形、水文，取法天地之象：在陸上開八個城門，以象「天八風」，也就是東、南、西、北、東北、東南、西南、西北八個方向吹來的風；水路也開八座門，以取法「地八聰」，也就是開向八個方位的窗子。這座姑蘇城周圍四十七里，中間築一座小城周圍十里，作為禁城，吳王闔閭居住、辦公都在裡面。

於是吳王闔閭有了一個像樣的都城，可以讓諸侯的使節印象深刻，或者說「有了霸主的氣勢」。然而，外表架勢並不能讓他真正稱霸，稱霸必須實至名歸。而伍子胥建姑蘇城更充滿了敵情意識：闔閭想要向西攻破楚國，所以西北面那個城門就稱為破楚門；他又想要向東南吞併越國，所以東南方設蛇門（東南的生肖屬蛇），以制伏越國。吳國本身地處辰位，辰為龍，所以在小城南門的「反羽」（屋脊翹起處）上，繪製兩條「鯢鱙」（音「倪描」，俗稱娃娃魚）象徵兩支龍角。總之，姑蘇城的規模、構造都展現了闔閭的企圖心，接下去就要看他的實際作為了。

本事16、要離

闔閭坐上了王位，伍子胥為他建了宏偉的王城，國內人心歸附了，可是闔閭內心卻仍然不安。

不安的原因，在於王僚的餘孽未除：

王僚的兩個弟弟蓋餘、燭傭當初領兵伐楚，被楚軍切斷補給線而圍困在楚國境內。聽說國內發生政變，公子光弒王僚，自立為吳王，就投降了楚國。楚國將他倆安置在舒城（吳楚邊界附近，今安徽境內）。

王僚的兒子慶忌原本駐守北方邊境，政變發生後，闔閭派兵追殺慶忌，仍被慶忌逃出國境，流亡在衛國。慶忌以勇武著稱，他在衛國與諸侯使節密切交往，爭取國際支持，天曉得他什麼時候會殺回來。

闔閭為此召來伍子胥，說：「之前你推薦專諸給我，立下大功。可是如今公子慶忌正在聯絡諸侯，圖謀對吳國不軌。寡人為此食不甘味，睡不安枕，請問有沒有好辦法？」

吳王的意思，其實就是要伍子胥再推薦一位刺客，解決掉公子慶忌，一勞永逸。

伍子胥說：「我心目中已經有了人選，姓要（音「腰」）名離。他是個小個子，外形不起眼，但絕對可以完成任務。」

闔閭說：「慶忌有力敵萬人之勇，一個小個子恐怕不行吧？」

子胥：「這小個子也能力敵萬人。」

闔閭：「何以見得？你說來聽聽。」

子胥：「我聽說過他折辱一名勇士椒丘訢（音「新」）的事蹟。」

闔閭：「椒丘訢是什麼人？」

椒丘訢是東海濱的人，為齊王出使吳國，渡過淮水時，在渡口讓馬飲水。當地人警告他：「河中有妖怪，會吞食人和馬，馬不可在河邊飲水。」

椒丘訢說：「勇士的馬要喝水，何方妖怪敢來？」

果然，馬在飲水時，淮水中跳出一個妖怪，將馬攫入水中。椒丘訢脫去衣裳，赤裸上身、手執寶劍跳入水中，與水妖搏鬥了好幾天才出來，還瞎了一隻眼睛。

椒丘訢到了吳國，參加一個喪禮，在眾人面前吹噓他力戰水妖的英勇表現，面對在座的吳國士大夫，盛氣凌人，口出不遜。

這時要離站出來講話：「我聽說，做為一個勇士的條件，與太陽作戰，不待日晷刻度移動；與神鬼作戰，不需轉動腳跟（不旋踵）；與人作戰，不大呼小叫。活著去戰鬥，存著必死之心，不冀望生還，但絕不受對方侮辱。如今你與水妖搏鬥，犧牲了馬、失去了馬夫，自己還瞎了一隻眼睛。這是勇士的恥辱，居然還大言不慚！」椒丘訢講不過他，怒沖沖的走了。

【原典精華】

（椒丘訢）過淮津①，欲飲馬於津。水神②出而取其馬，馬沒③。椒丘訢大怒，袒裼④持劍，入水求神決戰，連日⑤乃出，眇⑥其一目。

①津：渡口。
②神：古人對妖怪皆稱「神鬼」，水神即河中妖怪。
③沒：音「莫」，沉入水中。

……

要離乃挫訢曰：「吾聞勇士之鬪也，與日戰者不移表⑦，與神鬼戰者不旋踵⑧，與人戰者不達聲⑨，生往死還，不受其辱。今子與神鬪於水，亡馬失御，又受眇目之病，形殘名勇，勇士所恥。不即喪命於敵，而戀其生，猶傲色於我哉！」

——《吳越春秋．闔閭內傳》

要離在酒席完畢後回到家裡，囑咐妻子說：「我今天當著眾人折辱了勇士椒丘訢，他晚上一定會來報仇，家裡所有的門都不要關。」

晚上，椒丘訢果然來到要離的家。見大門敞開，前堂的門也沒關，臥室門也沒關，直入臥室，只見要離披散頭髮，仰面躺在床上，毫無懼色。

椒丘訢一手執劍，一手揪住要離說：「你有三條該死的罪，你自己知道嗎？」要離說：「不知道。」

椒丘訢說：「你在大庭廣眾前折辱我，一該死；回家不關門戶，二該死；睡覺不設防備，三該死。你有三個理由該死，想必死了也不會怨恨我。」

要離說：「我並無三條該死的罪過，反而你有三項不夠格做為勇士的羞愧，你自己知道嗎？」椒丘訢說：「不知道。」

要離說：「我在大庭廣眾之前折辱你，你卻不敢當面回應，這是第一點不配當勇士；入我大門不咳嗽、進我堂屋不吭聲，失去進入人家的基本禮節，是第二點不配當勇士；直到拔出了劍，揪住了我的頭，（見我手無寸鐵）才敢大聲講話，這是第三點不配當勇士。你自己有三項羞愧，卻還來威嚇我，不覺得可鄙嗎？」

椒丘訢聽完，扔下手中長劍，歎氣說：「唉！我的勇猛從來沒有人敢輕視，可是要離卻超過我之上，這才稱得上天下的壯士啊！」

伍子胥敘述要離的事蹟之後，對吳王闔閭說：「我聽說的就是這些了，大王要不要見一見此人？」

---

④袒裼：音「坦提」，赤身露體。
⑤連日：數日。
⑥眇：音「秒」，偏盲，盲一目。
⑦表：日晷的刻度。
⑧踵：腳後跟。旋踵：移動腳後跟，借喻時間短促。
⑨達聲：出聲。

吳王闔閭於是指示伍子胥，引見要離。

伍子胥帶要離去晉見吳王闔閭，吳王問要離：「先生有什麼本領啊？」

要離說：「我雖然個子瘦小，力氣也小，迎面風吹就往後倒，背面風吹就往前仆。但若大王有命令，我豈敢不盡力？」

吳王心裡不認可伍子胥推薦這麼一個弱不禁風的傢伙，來擔任刺客任務，沉默好久都不出聲。

要離看出吳王的心思，上前說：「大王之患是在慶忌吧？我能殺掉他。」

吳王說：「慶忌的勇力天下聞名。他的筋骨強壯，萬人莫敵。徒步能追上野獸，徒手能抓下飛鳥，身上的骨骼肌肉像似隨時可飛騰而起，奔跑數百里都不需要揉膝蓋。我曾經派出追兵追逐他直到江邊，追兵駕著四匹馬拉的車，都追他不上。用弓箭射他，甚至被他以熟練的手法接住。憑你的體格、力量，肯定不是他的對手。」

要離說：「只要大王決心要除掉慶忌，就交給我吧，我有把握殺掉他。」

吳王說：「慶忌戒心十足，雖然流亡在諸侯國中，但是防備不亞於諸侯國君，你有什麼方法可以接近他呢？」

要離說：「我將假裝獲罪出逃，請大王殺了我的妻子和兒子，斬斷我的右手。我這樣子去投奔慶忌，他就會信任我了。」

以吳王闔閭的陰忍性格，都被要離的狠勁懾服。於是要離被判罪服刑，斬斷了右手，然後逃出吳國，吳王派人逮捕他的妻兒，燒死後丟在街上示眾。

【原典精華】

王曰：「慶忌之勇，世所聞也。筋骨果勁⑩，萬人莫當。走追奔獸，手接飛鳥，骨騰肉飛⑪，拊膝⑫數百里。吾嘗追之於江，駟馬⑬馳不及，射之闇接⑭，矢不可中。今子之力不如也。」

要離曰：「王有意焉，臣能殺之。」

王曰：「慶忌明智之人，歸窮於諸侯，不下諸侯之士。」

要離曰：「臣聞安其妻子之樂，不盡事君之義，非忠也；懷家室之愛，而不除君之患者，非義也。臣詐以負罪出奔，願王戮臣妻子，斷臣右手，慶忌必信臣矣。」王曰：「諾。」

——《吳越春秋．闔閭內傳》

⑩果勁：結實有力。

⑪骨騰肉飛：骨肉呈現飛騰之勢。

⑫拊：音「府」，撫摸。

⑬駟：音「四」。駟馬：四匹馬駕駛的大車。

⑭闇：音「安」，通「諳」。闇接：熟練的接住。

本事17、慶忌

要離「逃出」吳國後，奔走各諸侯國散布怨言，讓天下人都知道有這麼一個無罪卻受到吳王迫害的人。等他確定慶忌應該風聞此事了，最後才去到衛國，求見慶忌。

慶忌接見他，要離說：「闔閭暴虐無道，這是王子您非常瞭解的事情。他砍了我的手，燒死我無辜的妻兒，我與他不共戴天。吳國的地形虛實我非常清楚，願借王子的英勇武功，一舉擒獲吳王。您何不與我一同向東，攻向吳國？」

慶忌果然採信了要離的計謀，精選士卒，集訓三個月，誓師出發，開往吳國。

船行於大江中流，要離忖度自己力量不夠大，就坐在上風位置。覷準機會，借著風勢用矛鉤下了慶忌頭盔，順風擲矛刺中了慶忌。

慶忌被刺中，仍徒手抓向要離，連抓了三次，才揪住要離，將他的頭揿入水中。要離快嗆死了，慶忌再將他拎出水面，置要離之頭於自己的膝蓋上，說：「嘿！你真是勇敢

慶忌受了重傷
仍能制伏要離

啊，竟敢對我動手！」

慶忌的左右氣憤得拔劍要殺要離，慶忌阻止他們，說：「這個人也是天下之勇士。我（中了矛）傷重就要死了，怎麼可以一天之內接連殺死兩位天下勇士呢！」下令放要離回吳國，說完，慶忌就死了。

要離與他的隨員因此得以不死，搭船返回吳國。船到江陵（長江中游，今湖北境內），要離神情憂傷，不肯繼續前行。隨從問他：「您為何不走了？」要離說：「害死自己的妻兒來報效國君，是不仁。為了現任國君而殺了前任國君的兒子，是不義。如果我貪生而不義，還有什麼面目見天下士人？」

話說完，就投江自殺，但又被隨從救上船來。要離說：「我怎麼能不死呢？」隨從說：「你不能死，回到吳國必有富貴可期。」要離聽此言，愈發決定一死以明志，自己斬斷兩腳，伏劍而死。

【原典精華】

將渡江於中流，要離力微，坐與上風，因風勢以矛鉤其冠，順風而刺慶忌。慶忌顧①而揮之，三捽②其頭於水中，乃加於膝上，曰：「嘻嘻哉③！天下之勇士也！乃敢加兵刃於我。」左右欲殺之，慶忌止之，曰：「此是天下勇士。豈可一日而殺天下勇士二人哉？」乃誡左右曰：「可令還吳，以旌④其忠。」於是慶忌死。要離渡至江陵，愍然⑤不行。從者曰：「君何不行？」要離曰：「殺吾妻子，以事吾君，非仁也；為新君而殺故君之子，非義也。……今吾貪生棄行，非義也。……吾何面目以視天下之士？」言訖遂投身於江，未絕，從者出之。要離曰：「吾寧能不死乎？」從者曰：「君且勿死，以俟⑥爵祿。」要離乃自斷手足，伏劍⑦而死。

——《吳越春秋．闔閭內傳》

①顧：回頭，回身。
②捽：音「足」，以手拔草稱「捽草」。捽其頭：扯住對方的頭髮如拔草般。
③嘻嘻：感嘆詞，猶言「嘿嘿」。
④旌：表揚。
⑤愍：音「敏」。愍然：憂傷的樣子。
⑥俟：等待。
⑦伏劍：以劍自刎。

本事18、寶劍

慶忌死了，吳王闔閭的兩大心腹之患已去其一，剩下是王僚的兩個弟弟蓋餘、燭傭。他倆在吳楚邊境的舒城，楚國隨時會利用他倆，打起「為王僚報仇」旗號，進攻吳國。

楚國強大、吳國弱小，吳國想要擊敗楚國必須在兵器方面勝過楚國。當時天下聞名的兵器產地之一在楚國的棠谿，於是闔閭想起了專諸刺王僚用的那支「魚腸劍」。

魚腸劍是越王允常獻給吳王的三把寶劍之一，越國當時是吳國的附庸國。而越國出產很好的銅與錫，正是當時煉製寶劍的原料。因此，越國的冶金技術非常進步。

越國的鑄劍大師歐冶子為越王允常鑄了五把寶劍：湛盧、盤郢、勝邪、魚腸、巨闕。相傳歐冶子在鑄這五把寶劍時，赤堇山山崩而露出了錫，若耶溪乾涸而露出了銅，雨師為他灑掃，雷公為他打鐵，蛟龍為他捧爐，天帝為他裝炭。有五金之英為原料，再加上眾神的幫助，才鑄成這五把寶劍。

歐冶子鑄劍，眾神自天上下來相助

允常請來一位鑑識刀劍的名家薛燭為他「相」一下這五把寶劍。

薛燭說：「魚腸劍的紋理逆向，不可佩戴，臣子會用它來刺殺國君，兒子會用他來殺害父親；盤郢劍（又名豪曹劍），對活人無益；湛盧劍是用五金（金、銀、銅、鐵、錫）的精華鑄成，拔出劍來就有神氣，佩戴它就有威風。可是如果主人（國君）無道，它會自己出鞘，去往有道之國。」

由於薛燭的這番鑑識說明，越王允常將這三把不祥或難以保有的寶劍，送給了吳王僚。王僚將魚腸劍賞賜給公子光，以表彰公子光某一次伐楚勝利的戰功，孰料最後卻成了自己的催命符。

專諸刺王僚時，居然可以在自己「被開膛破胸」的狀況下，仍然貫穿王僚身上穿著的「三層棠甲」。那一幕令闔閭印象深刻，心想：「如果我們吳國的兵器都能削鐵如泥，那麼，百萬楚軍也不夠我們殺了。」

於是他下令徵召吳國的優秀鑄劍工匠，有人推薦「干將與越國的歐冶子師出同門」，闔閭於是召見干將。

＊後世流傳的「上古神劍」共有十把：棠谿、墨陽、合伯、鄧獅、宛馮、龍泉、太阿、莫邪、干將。而湛盧、巨闕、魚腸經常出現在俠義小說當中。

本事19、干將

干將與歐冶子是師兄弟，追隨同一個師父學習鑄劍。在師父指導之下，兩人曾聯手，採昆吾山的精鐵（傳說，昆吾之鐵鍊成刀，能切玉如泥），合力鑄成一把龍泉寶劍。師兄弟學成之後，分道揚鑣，歐冶子去越國，干將到了吳國。

吳王闔閭視越國進獻的三把寶劍如珍寶，乃命干將採五嶽的精鐵、六合（指全天下）的精銅，務必要鍊成寶劍。

干將選擇最適當的日辰開爐，也用師父教的法術，召來了眾位神靈（和歐冶子鍊劍相同陣仗）。可是冶爐中的銅鐵精英卻遲遲不熔化。干將嘗試了各種方法都不成功，他的妻子莫耶問他：「你的師傅有遇到過這種情形嗎？」

干將說：「我的師傅最後一次開爐冶鑄，就是出現這種現象，銅鐵各歸一處，不肯銷融為一。最後他夫妻倆一同跳入冶爐，才將器物鑄成。自此之後，他們的後代每到山上冶

兩把金鉤應聲飛出，
貼在父親胸前

煉，都披麻服草（穿著喪服）先行祭奠一番，然後才敢開始冶鑄。如今我鑄劍也發生同樣情形，難道也要咱夫妻跳進冶爐嗎？」

莫耶說：「師傅以自己的身體幫助冶鑄成功，我另有變通方法。」於是干將夫妻剪下頭髮和指甲，投入爐中。叫三百位童男童女拉風箱、添炭火，爐中銅鐵終於熔融，最後鍊成陰陽一對寶劍。陽劍取名干將，陰劍取名莫耶。陽劍劍身呈現龜紋（形似龜背圖案），陰劍劍身呈現水紋。干將藏起陽劍，只將陰劍（莫耶劍）獻給吳王闔閭。

【原典精華】

干將作劍，采①五山②之鐵精，六合③之金英。候天伺地，陰陽同光，百神臨觀，天氣下降，而金鐵之精不銷④淪流，於是⑤干將不知其由。

①采：通「採」。
②五山：即「五嶽」。
③六合：天地四方為六合，意指「全天下」。

干將曰：「昔吾師作冶，金鐵之類不銷，夫妻俱入冶爐中，然後成物。至今後世，即山⑥作冶，麻絰葌服⑦，然後敢鑄金於山。今吾作劍不變化者，其若斯耶？」莫耶曰：「師知爍身以成物，吾何難哉！」於是干將妻乃斷髮剪爪，投於爐中，使童女童男三百人鼓橐⑧裝炭，金鐵乃濡⑨。遂以成劍，陽曰干將，陰曰莫耶，陽作龜文，陰作漫理⑩。

——《吳越春秋．闔閭內傳》

吳王闔閭又下令懸賞：「凡能鍊製好的金鉤（似劍而曲的一種兵器）的人，賞一百金。」這一來，吳國掀起一片鑄造金鉤的風氣。

有一個人為了得到吳王的賞金，竟殺了自己的兩個兒子，將他們的血加入冶爐，鑄成兩把金鉤，前往宮門求賞。

吳王指著一堆金鉤，形狀幾乎一樣，問他：「那麼多人，製了那麼多把金鉤，你製的有何特殊？」

那位製鉤師說：「為了製這兩把鉤，我殺了自己的兩個兒子，投入他們的血才完成的。」

吳王問：「那麼，你認得出哪兩把是你製的嗎？」

製鉤師對著一堆金鉤，叫兩個兒子的名字：「吳鴻、扈稽，我在這裡，大王還不知道你們的神通哩！」話音方落，兩把金鉤飛出，貼在父親的胸前。吳王闔閭大驚，說：「哎呀，真是辜負於你了。」立即賞給鉤師一百金，並將這兩支神鉤隨時帶著，片刻不離身。

【原典精華】

闔閭既寶莫耶，復命於國中作金鉤。令曰：「能為善鉤者，賞之百金。」吳作鉤者甚眾。

④銷：融化。
⑤於是：當時。
⑥即：去到。
⑦麻絰：絰音「跌」，麻帶，結在頭上或綁在腰間。蓑服：蓑音「間」，茅草衣。麻絰蓑服：喪服。
⑧橐：音「陀」，鼓風裝置。
⑨濡：流體。
⑩漫：水漲溢。理：紋理。漫理：水波紋理。

有人貪王之重賞也，殺其二子，以血釁⑪金，遂成二鉤，獻於闔閭，詣宮門而求賞。

王曰：「為鉤者眾而子獨求賞，何以異於眾夫子之鉤乎？」

作鉤者曰：「吾之作鉤也，貪而殺二子，釁成二鉤。」

王乃舉眾鉤以示之：「何者是也？」王鉤甚多，形體相類，不知其所在。

於是鉤師向鉤而呼二子之名：「吳鴻，扈稽，我在於此，王不知汝之神也。」聲絕於口，兩鉤俱飛著父之胸。

吳王大驚，曰：「嗟乎！寡人誠負於子。」乃賞百金。遂服而不離身。

——《吳越春秋．闔閭內傳》

⑪釁：音「信」，通「舋」。軍隊出征之前以血祭祀稱為「舋」，鑄劍同為刀兵之事，故以血塗在鉤上祭祀。

本事20、白喜

正當吳王闔閭勵精圖治，國力蒸蒸日上之際，楚國那位大奸臣費無極又送了一個人才到吳國來，那人姓白（音「伯」）名喜，是楚國大夫白州犁的孫子。（《左傳》及其他史書皆稱他為伯州犁，而《吳越春秋》稱他為白州犁。）

白州犁原本深受楚平王寵信，常召見他作竟日交談，通霄達旦直到第二天早晨才吃飯。因此使得費無極非常嫉妒，乃設計陷害白州犁。

費無極對平王說：「大王信任郄宛（郄音「細」，白州犁字郄宛），何不準備酒食，到郄宛家與群臣共飲，讓大家都知道大王對他的器重？」平王於是借白州犁家裡大宴群臣。

費無極再對白州犁說：「大王喜好練武、耍兵器，你最好在堂下、門庭都陳列兵器。」白州犁接受了他的「好意」。

平王御駕光臨白州犁府邸，一見到處都擺了兵器，吃驚地問費無極：「郄宛為何如此？」費無極趁機進讒，說：「恐怕有犯上的危險，大王趕快回宮吧，事情難以預料！」

【原典精華】

白州犁，楚之左尹，號曰郤宛，事平王，平王幸之，常與盡日①而語，襲朝②而食。

費無忌望而妒之，因謂平王曰：「王愛幸宛，一國所知，何不為酒，一至宛家，以示群臣於宛之厚？」平王曰：「善。」乃具酒③於郤宛之舍。

無忌教宛曰：「平王甚毅猛而好兵，子必前陳兵④堂下、門庭。」宛信其言，因而為之。

及平王往而大驚，曰：「宛何等也？」

無忌曰：「殆⑤且有篡殺之憂，王急去之！事未可知。」平王大怒，遂誅郤宛。

——《吳越春秋．闔閭內傳》

平王大怒，下令殺了白州犁。白喜逃出楚國，聽說伍子胥在吳國，籌畫對楚國報復，於是也來到吳國投奔伍子胥。

費無極就是當年陷害伍奢、伍尚的那個傢伙，也就是伍子胥的殺父仇人。由於白喜也是被費無極陷害，伍子胥乃向吳王闔閭推薦「白喜是個人才」，吳王任命白喜為大夫。

吳國大夫被離問伍子胥：「你為什麼信任白喜呢？」

伍子胥說：「先生沒有聽過瀨水兩岸的民謠嗎？它這樣唱著：

『同病者相互憐憫，同憂者相互救援。
受驚的鳥群四散飛翔，又聚在一起相互安慰。
瀨水下游的急湍，隨地形分散又會合。
胡地產的馬總是頂著北風站立（望向北方），

---

①盡日：竟日，整天。
②襲朝：由夜至朝（天明）。
③具酒：擺酒宴客。
④兵：兵器。陳兵：陳列兵器。
⑤殆：危，恐怕。

越地的燕子總是朝著東方的太陽嬉戲。』
誰不是接近與自己命運相同的人？而哀痛自己思念的人呢？」

【原典精華】

同病相憐，同憂相救。
驚翔之鳥，相隨而集。
瀨下⑥之水，因復俱流。
胡馬望北風而立，越燕向日而熙⑦。

——《吳越春秋．闔閭內傳》

伍子胥的意思很明顯：白喜和他有共同的仇人，所以引為盟友。
被離警告伍子胥：「我觀察伯喜的為人，鷹視虎步：目光如鷹般銳利，殺生不留情；

步履如虎般沉穩，攬權不放鬆。這種人是不可以親近的。」

但是，伍子胥當時需要的，是遊說吳王伐楚的盟友，白喜正是適合人選，所以未將被離的話放在心上。

事實上，白喜也確實在這方面發揮了功能，幫助伍子胥說服吳王闔閭興兵伐楚。然而，由於他遺傳了祖父白州犁相同的才能（非常讓人親近放鬆），深得吳王闔閭寵信，後來吳王夫差更任命他為太宰，改名為伯嚭（音「痞」），人稱太宰嚭。太宰嚭卻成為伍子胥的死對頭，這是後話，暫且不表。

⑥瀨下：瀨水下游。當初伍子胥逃到吳國，就是渡過瀨水。
⑦熙：通「嬉」，嬉戲。

本事21、孫武

伍子胥與白喜一心想要報復楚國，一有機會就積極勸說吳王闔閭出兵伐楚。

吳王闔閭是個城府很深的人（他還是公子光時，曾經恭謹服事王僚十三年，態度恭順，卻不曾停止刺殺王僚的計謀），他心裡明白「伍子胥與白喜都與楚王有仇，所以一再鼓勵我興師伐楚。可是楚國兵強勢眾，吳國大舉攻過去，萬一慘敗，國家就危險了」。他有稱霸諸侯的雄心壯志，同時也有身為一國之主的戒慎恐懼。心中拿捏不定，於是登上高臺，迎著南風而嘯，發洩心情之後，又長嘆不已。

吳國群臣都猜不透吳王的心意，只有伍子胥曉得：闔閭沒有必勝把握，所以猶豫不決。伍子胥也明白，要讓吳王堅定信心，前提是讓闔閭相信「吳國不可能敗」，最好的辦法當然是要有一員必勝的將領。於是他向吳王推薦了孫武。

孫武是齊國人，也就是《孫子兵法》的作者，是中國最偉大的兵法大師。

將在軍，
君命有所不受：
吳王闔閭救不了兩位愛姬

吳王接受伍子胥的推薦，召見孫武。孫武暢言他的兵法，每陳述一篇（今本《孫子兵法》共十三篇），吳王都不知不覺地稱讚：「好！」並乘著這樣的喜悅心情，問孫武：「你的兵法可以小規模的試驗一下嗎？」

孫武心知機會來了，回答：「包括大王後宮的女子都可以訓練成為不敗雄師。」這是一種吹噓，吳王乃順著他的話，說：「好啊，那就小試一下吧！」

這一場演練原本只是吳王闔閭一時興起想要「小試」，可是卻成就了中國最偉大的兵法家，以及有關他的最膾炙人口的故事。

孫武說：「希望能以大王的兩位寵姬擔任這支娘子軍的隊長，兩人各領一隊。三百宮女都穿上鎧甲、戴上頭盔，手持劍與盾牌，列隊站好。」

娘子軍列隊完成，孫武口授基本操練動作，要她們隨著鼓聲進退、左右轉，並且頒布軍法：不遵照命令行動者，一律依照軍法制裁。然後下令：「擂鼓一通，全體立正；擂鼓二通，拿著兵器前進；擂鼓三通，擺出戰鬥姿勢。」

聽到這裡，三百宮女都掩口而笑。孫武親自拿起鼓槌擊鼓，宮女仍然嘻笑而不動作。孫武三令五申（不厭其煩的將命令、動作與軍法講清楚），宮女們仍然笑個不停。

孫武大怒，忽然瞪大雙眼，發出類似老虎受到驚駭時的吼聲，頭髮直立將帽子頂起，甚至繃斷了帽帶，對身旁的軍法官說：「取鈇鑕來！」（「鈇鑕」音「夫治」，執行斬首之刑所用的斧和砧。）

孫武說：「紀律約束不清楚，指揮號令不明確，是將領的過失。軍令已經說明清楚，甚至已經三令五申，士卒卻不聽命令，那就是士卒的過失。」問軍法官：「不聽命令做動作，軍法規定的處罰是什麼？」軍法官說：「斬！」

孫武於是下令將兩位隊長處斬，也就是要斬吳王的兩位寵姬。

吳王在閱兵臺上看見，急忙派出使者，對孫武說：「寡人已經了解將軍的用兵之法了（可以停止演練了）。寡人若沒有這兩名愛姬，食不甘味，人生無趣，請不要斬她們。」

孫子說：「既然已經受命為將，將在軍中，雖然國君有令，也不一定要接受。」下令斬了兩名隊長。然後揮動鼓槌，三百宮女經此震懾，個個繃緊神經，照著鼓聲前進後退、左右轉，連眼睛都不敢眨一下。隊伍肅靜無聲，沒有人敢轉頭看別人。

於是孫武向吳王報告：「軍隊已經訓練好，恭請大王閱兵。這一支部隊，大王現在要她們赴湯蹈火，都沒有問題了。甚至可以用她們平定天下。」

吳王心情大壞，寫在臉上，說：「寡人知道先生善於用兵了，雖然可以因此稱霸諸侯，可是寡人已經沒有心情閱兵了，先生解散部隊，回宿舍休息吧！」

孫武說：「原來大王只愛聽兵法理論，根本不想實行！」

【原典精華】

而召孫子，問以兵法，每陳一篇，王不知口之稱善。其意大悅。

問曰：「兵法寧可以小試耶？」

孫子曰：「可，可以小試於後宮之女。」王曰：「諾。」

孫子曰：「得大王寵姬二人以為軍隊長，各將一隊。」令三百人皆被甲兜鍪①，操②劍盾而立，告以軍法，隨鼓進退，左右迴旋，使知其禁。

乃令曰：「一鼓皆振③，二鼓操進④，三鼓為戰形。」於是宮女皆掩口而笑。孫子乃親自操枹⑤擊鼓，三令五申，其笑如故。孫子顧視諸女，連笑不止。

孫子大怒，兩目忽張，聲如駭虎，髮上衝冠，項旁絕纓。顧謂執法曰：「取鈇鑕⑥。」

孫子曰：「約束不明，申令不信，將之罪也。既以約束，三令五申，卒不卻行，士之過也。軍法如何？」執法曰：「斬！」武乃令斬隊長二人，即吳王之寵姬也。

吳王登臺觀望，正見斬二愛姬，馳使下之令曰：「寡人已知將軍用兵矣。寡人非此二姬食不甘味，宜勿斬之。」孫子曰：「臣既已受命為將，將法在軍，君雖有令，臣不受之。」

孫子復撝⑦鼓之，當左右進退，迴旋規矩，不敢瞬目⑧，二隊寂然無敢顧者。於是乃報吳王，曰：「兵已整齊，願王觀之，惟所欲用，使赴水火猶無難矣。而可以定天下。」

吳王忽然⑨不悅，曰：「寡人知子善用兵，雖可以霸，然而無所施也。將軍罷兵就舍，寡人不願。」

孫曰：「王徒好其言，而不用其實。」

——《吳越春秋．闔閭內傳》

①鍪音「謀」。兜鍪：古代士兵的頭盔。
②操：持。
③振：起立。
④操進：手持武器前進。
⑤枹：音「福」，鼓槌。
⑥鈇鑕：音「夫治」，執行斬首之刑所用的斧和砧。
⑦撝：音「揮」，揮動。
⑧瞬目：眨眼睛。
⑨忽然：若有所失貌。

伍子胥向吳王進言：「我聽說，戰爭是凶險的事情，不可以空試。如果練兵而不做征伐誅殺，會反而傷及己身。如今大王有雄心壯志要稱霸諸侯，除了孫武這樣的將才，誰能率領吳軍跨越淮水、泗水（向北征伐，爭霸中原），跋涉千里作戰呢？」

吳王闔閭聞言頓悟，雄心掩過了傷心，重用孫武為大將。孫武率領吳軍，牛刀小試，攻下楚國的舒城，殺了流亡在那裡的公子蓋餘、燭傭，除掉了闔閭剩下的一個心腹之患。吳王闔閭於是信心大增，積極準備伐楚。

本事22、反間計

這時的楚國君臣還看不起小小吳國，可是對吳國無休無止的「騷擾」，卻有著「草螟仔弄雞公」那隻「雞公」的感受。當楚國大夫們紛紛表示：「都是費無極讒言陷害伍奢、白州犁，才惹來吳國入寇！」時，令尹（宰相職）子常趁機向楚昭王進言：「殺了費無極，伍子胥和白喜的仇人既然已死，吳國就不會再來寇邊了。」楚昭王採納了子常的建議，殺了費無極，廢了他的家族，國君與宰相瓜分了費氏的食邑，楚國大夫們也不再抱怨。

吳楚之間由於楚昭王「釋出善意」，換得一時和平。可是就在這個時候，發生了一件怪事：

楚昭王半夜突然醒來，發現臥榻之上出現一把寶劍！等到早晨，急忙將楚國最會鑑識寶劍的師傅風湖子招來，問：「這支是什麼劍？」

風湖子說：「這支寶劍叫做湛盧。」

風湖子為楚王解說寶劍來歷

昭王：「怎麼會出現在這裡？」

風湖子：「當年越王允常請歐冶子鑄五把寶劍，將其中三把獻給吳王，湛盧是其中之一。根據越國鑑識名家薛燭的說法，『湛盧劍是用五金（金、銀、銅、鐵、錫）的精華鑄成，拔出劍來就有神氣，佩戴它就有威風。可是如果主人（國君）無道，它會自己出鞘，去往有道之國。』所以允常自認難以長久保留，才獻給了吳王。如今湛盧來到楚國，正顯示吳王無道、楚王有道。」

楚昭王聽了，龍心大悅，將湛盧珍藏起來。

楚王得了寶劍很高興，但是吳王闔閭可氣壞了，向伍子胥、孫武、白喜下達命令：加速完成伐楚準備。

在發動戰爭之前，伍子胥先使出了一招反間計：

伍子胥派人去楚國郢都放話：「楚國如果用子期為大將，伍子胥有把握痛擊楚軍，並殺死子期。但若以子常為大將，伍子胥將撤兵以示退讓。」

子常又稱囊瓦，子常與昭王合謀，殺了伍子胥與白喜的仇人費無極。伍子胥這番放話，是讓楚昭王誤以為「伍子胥會感謝子常誅殺費無極」。楚昭王因此撤換了子期，改任子常為大將。重點在於：子期是比較好的將才，子常只是第二流。

楚昭王很快就嘗到用人不當的苦果：吳軍攻入楚國境內，攻下兩座城。隔了三年，楚王命子常率軍攻吳，伍子胥與孫武將子常圍困在豫章（豫章古城在長江、淮水之間），楚軍大敗。

吳王闔閭想要一鼓作氣攻入郢都（楚國國都），伍子胥與孫武勸吳王：「楚國是個大國，我們還需要爭取一些盟友。」

本事23、子常

伍子胥所謂「盟友」是兩個小國：唐、蔡，因為唐、蔡兩國的國君都視子常為仇人——敵人的仇人就是最好的盟友。

子常又是如何跟兩個小國結仇的呢？

蔡昭侯去朝見楚昭王，帶去高級皮裘、玉珮各兩件，獻給昭王各一件。楚昭王穿著皮裘、戴著玉珮上朝，蔡昭侯也穿著皮裘、戴著玉珮晉見。子常身為楚國令尹（宰相），居然開口向蔡昭侯討他身上的皮裘與玉珮。蔡昭侯不答應，子常就將他扣留在楚國三年，不讓他回蔡國。

唐成侯去朝見楚王，儀隊中有兩匹「肅爽馬」（毛色有文彩的駿馬），子常看了很喜歡，就開口索討，唐成侯不捨得，也被子常扣留了三年。

唐國的大夫們商量對策後，請唐成公的隨從喝酒，將他灌醉，然後偷了寶馬，送給子常，子常才放唐成侯回國。

蔡國大夫聽說了，也請昭侯割愛，將皮裘和玉珮送給子常，才讓蔡昭侯回國。

蔡昭侯記恨子常，派人去晉國，表示願意以自己的兒子與大夫的兒子為人質，交換晉國出兵伐楚。

【原典精華】

昔蔡昭公朝於楚，有美裘二枚，善珮二枚，各以一枚獻之昭王。王服之以臨朝，昭公自服一枚。子常欲之，昭公不與，子常三年留之，不使歸國。

唐成公朝楚，有二文馬①，子常欲之，公不與，亦三年止之。唐人相與謀從成公從者，請馬以贖成公，飲從者酒，醉之，竊馬而獻子常，常乃遣成公歸國。於是成公常思報楚，君臣未嘗絕口。

蔡人聞之，固請獻裘珮於子常，蔡侯得歸。如晉告訴，以子元與太子質②而請伐楚。

——《吳越春秋．闔閭內傳》

伍子胥和孫武向吳王闔閭獻策：「大王要伐楚，應該先與唐、蔡兩國結盟。」吳王派出使節，對唐、蔡兩國國君說：「楚國是一個暴虐無道的大國，不但殺自己國家的忠良，更扣留、侮辱鄰國國君。寡人有意發兵攻打楚國，你們兩位可願意共襄盛舉？」唐、蔡兩君欣然加入，唐成侯並將他的兒子與大夫的兒子送去吳國當人質。三國聯軍開進楚國，楚國仍以子常為帥，雙方隔著漢水布陣。

子常心底看輕這三個小國，於是率領楚軍渡過漢水，自小別山列陣至大別山（陣線拉長，備多力分）。初接戰，連續三次接觸，楚軍都不利，子常這才知道情況不妙，卻已無退路（後方是漢水）。

吳王闔閭的弟弟夫概自動請纓，說：「子常為人不仁，貪婪而少恩，他的部下都不願為他效死，以精兵衝擊之，一定能將他擊破。」闔閭還在考慮，夫概已經等不及，率領本部人馬五千人出擊，子常大敗，逃往鄭國。主帥逃亡，楚軍大亂，吳軍大舉追擊，楚軍潰敗。之後一連五次交戰，楚軍節節敗退，吳軍一路殺到郢都。

---

①文馬：裝飾美麗的馬。《左傳》記載，唐成公帶去的是「肅爽馬」。

②質：音「至」，做為人質。

本事24、鞭屍

子常大軍潰敗，吳軍長驅直入，攻到郢都。楚昭王倉皇出奔，逃到鄖（音「雲」）縣，鄖縣縣長鬬辛想要保護昭王，可是鬬辛的弟弟鬬懷說：「當年楚平王殺害了我們的父親（兄弟倆的父親鬬成然），我現在殺他的兒子，有何不可？」鬬辛不願讓鬬懷殺昭王，只好與幼弟鬬巢一同，護送楚昭王投奔隨國。

吳軍追到隨國（楚國的附庸），派使節對隨君說：「交出楚昭王，重重有賞。」隨君請太史卜卦決定，卜象顯示「交出楚王不吉利」，於是推辭說：「隨國與楚國訂有盟約，隨國一向受楚國的保護，如果今天見人有難就離棄他，又何以服事貴國？讓楚王在這裡安靜休息，他敢不聽命嗎？」吳軍統師對隨君這番說詞相當讚賞，就退兵了。

追隨楚昭王一同逃亡的，反倒是之前被撤換的子期，他派人私下與吳軍接觸，表示願意以自己代替昭王，去吳國當俘虜。

伍子胥鞭楚平王屍

楚昭王聽說此事，制止子期這麼做，並且與子期「割心為盟」——割取子期胸口的血，以之與隨君盟誓，也就是視子期如同自己的意思，然後與子期一同繼續流亡。

那一邊，吳王闔閭以戰勝者的姿態，進入郢都。可是，「復仇者」伍子胥心頭卻有一股失落感，因為兩個殺父仇人，楚平王與費無極都死了。他心中恨意難消，於是掘開平王之墓，挖出屍體，對著屍體抽三百鞭。然後左腳踩在平王腹上，右手持匕首挖出平王的眼睛，出言斥罵：「誰教你聽信讒言，殺我父親、兄弟？他們死得多麼冤枉啊！」

鞭屍還不夠，伍子胥更教吳王闔閭占有了楚昭王的妻子，自己和白喜則占有了子常等楚國將領的妻子——仇人是楚平王，卻占有他的兒媳，甚至占有將領的妻子，伍子胥的仇恨已讓他陷入黑暗深淵。

【原典精華】

吳王入郢，止留。伍胥以不得昭王，乃掘平王之墓，出其屍，鞭之三百，左足踐腹，右手抉①其目。誚②之曰：「誰使汝用讒諛之口，殺我父兄，豈不冤哉！」即令闔闔妻昭王夫人，伍胥、白喜亦妻子常、司馬成之妻，以辱楚之君臣也。

——《吳越春秋．闔閭內傳》

①抉：音「決」，挖出。

②誚：音「翹」，咒罵。

本事25、報恩

伍子胥滿腔報仇怒氣發洩得不夠，於是繼續揮軍攻向鄭國——當初鄭國殺了太子建，還要捉拿伍子胥。

鄭定公這下子緊張了，向全國人民宣布：「誰有能力讓吳軍撤退，我分他半個鄭國，一字並肩當國君。」

當初有恩於伍子胥的那位漁父的兒子前去應徵，對鄭定公說：「我有辦法教吳軍退兵，不需一個兵、一斗糧，只要一葉扁舟、一枝船槳，讓我在船上唱歌就行了。」鄭定公內心認為這漁夫吹牛，但是情勢急迫，死馬當活馬醫，給了他一條船。

漁父之子駕著扁舟，在江上等著。吳國大軍開到江邊，他就敲著船槳唱歌：「蘆中人啊，蘆中人！」他不停的唱，吳兵報告伍子胥「有一個人駕著小船，口中唱著『蘆中人』」。伍子胥接報，驚愕非常（難道是「漁丈人」復活了？），奔到江邊，一看是個年輕人，發聲問道：「你是誰？」

那人回答：「我就是當年那位漁父的兒子。我的國君因為你們大軍攻來，甚為不安，懸賞『誰能讓吳軍退兵，就跟他分國而治』。我想到先父曾經與閣下在途中有過交往，如今特此來向你乞求鄭國（你若撤軍，我就是半個國君了）。」

伍子胥歎口氣說：「唉！當初承蒙你先父的恩情，才能活到今天，也才有現在的地位。上天蒼蒼，神明共鑑，我伍子胥不敢忘記。」於是答應鄭國的和平請求。

鄭定公親自率領大夫們出城勞軍，提供「酒食如山」，吳軍痛快的大吃大喝三天，伍子胥撤軍回到郢都。

【原典精華】

（伍子胥引軍擊鄭）鄭定公大懼，乃令國中曰：「有能還吳軍者，吾與分國而治。」

漁者之子應募曰：「臣能還之。不用尺兵斗糧，得一橈①而行歌道中，即還矣。」

公乃與漁者之子橈。

子胥軍將至，當道扣橈而歌曰：「蘆中人。」如是再。子胥聞之，愕然大驚，曰：「何等謂與語，公為何誰矣？」

曰：「漁父者子。吾國君懼怖，令於國：有能還吳軍者，與之分國而治。臣念前人與君相逢於途，今從君乞鄭之國。」

子胥歎曰：「悲哉！吾蒙子前人之恩，自致於此。上天蒼蒼，豈敢忘也？」於是乃釋鄭國，還軍守楚。

——《吳越春秋．闔閭內傳》

至於漁丈人的兒子，應該沒有因此而分到「半個鄭國」，因為歷史上沒有任何有關「副國君」的記載。

在吳軍班師回郢都途中，經過瀨水之畔，伍子胥想起往事，長長的嘆了一口氣，說：「我曾經在這裡差點餓死，向一位大姊討飯吃，那位大姊給我吃飯後，卻為了我投水而死。」想要補償她的家人，但是不知道她家住何處，只得將「百金」（一百斤或一百鎰，一鎰二十斤）投入瀨水，算是還了報恩的心願。

過了不久，一名老婦人哭著走來，人家問她：「哭什麼？」老婦人說：「我的女兒守身三十年不嫁，當年在這裡浣紗，遇到一位窮途末路的君子，拿食物給他吃。唯恐洩漏那位君子的行藏，自己投入瀨水而死。我聽說伍將軍前來此地，想要報答舊恩，卻找不到家在何處。可憐我的女兒就這樣白白死了，因此悲傷哭泣。」

人們告訴她：「伍子胥想要以百金報答，找不到對象，將金子投入水中去了。」老婦人於是從水中取出金子回家。

①橈：音「撓」，船槳。

②太息：嘆息出聲。

【原典精華】

子胥等過溧陽瀨水之上，乃長太息②曰：「吾嘗飢於此，乞食於一女子，女子飼我，遂投水而亡。將欲報以百金，而不知其家。」乃投金水中而去。

有頃，一老嫗行哭而來，人問曰：「何哭之悲？」

嫗曰：「吾有女子，守居三十不嫁。往年擊綿③於此，遇一窮途君子而輒飯之，而恐事泄，自投於瀨水。今聞伍君來，不得其償，自傷虛死④，是故悲耳。」

人曰：「子胥欲報百金，不知其家，投金水中而去矣。」嫗遂取金而歸。

——《吳越春秋．闔閭內傳》

---

③擊綿：浣紗，在水中漂洗紡織品時，以物擊之加強效果。

④虛死：死得沒有代價。

本事26、哭秦宮

吳軍攻進郢都，申包胥是楚國王室身分，因此躲到了山裡去。伍子胥對楚平王「鞭屍」的消息傳到山中，申包胥乃派人下山去責問伍子胥：「你的報仇手段，也太過分了吧！」

伍子胥對來人說：「為我回覆申包胥，就說：我目前的處境，就像太陽已下山，可是目的地卻還很遠（仇人已死，無法報仇），只好在半途中倒行逆施了。」伍子胥知道自己鞭屍的行為是倒行逆施，但是仇恨已經充滿他的心靈，人性與良知已經沒有空間。

申包胥決定實踐他當年對伍子胥的「諾言」（你能亡楚，我就能復楚），心想：北方諸侯有實力幫楚復國的只有秦、晉兩個大國，但是晉國長期以來都是與楚國爭霸的敵國，即使出兵也不懷好意，於是他前往秦國求救兵。

通衢大道的關卡都有吳軍把守，他必須隱藏身分，也不乘車以免引人注意，於是只得步行日夜趕路。走得腳趾和腳跟都裂開了，就將衣服撕為布條，裹著腳繼續走。

申包胥在秦廷
倚柱而哭七日七夜

到了秦國，秦哀公是個沉迷酒樂的昏君，不接見申包胥。申包胥站在秦國的朝廷，「鶴倚而哭」——衣服破了，兩隻腳踝露在外，就像鶴一樣的靠在宮廷柱子上哭泣，連哭了七天七夜，終於打動了秦哀公。哀公說：「楚國有如此賢臣，吳國還能滅掉它。寡人朝廷沒有這樣的臣子，那不是隨時可亡國嗎？」秦哀公為此賦詩（大意）：

我並不是沒有自己的衣服可穿，可是，與朋友穿同樣的衣服（制服，軍裝）。意思是將要同甘苦共患難，整軍經武，一同去攻打仇敵。

【原典精華】

申包胥亡在山中，聞之，乃使人謂子胥曰：「子之報讎①，其以甚②乎？子，故平王之臣，北面事之。今於僇③屍之辱，豈道之極乎？」

①讎：同「仇」。
②甚：過分。

子胥曰：「為我謝申包胥，曰：日暮路遠，倒行而逆施之於道也。」

申包胥知不可，乃之於秦，求救楚。晝馳夜趨，足踵蹠劈④，裂裳裹膝，鶴倚⑤哭於秦庭，七日七夜，口不絕聲。

秦桓公素沉湎，不恤國事。申包胥哭已，歌曰：「吳為無道，封豕長蛇⑥，以食上國，欲有天下，政從楚起。寡君出在草澤，使來告急。」

如此七日。桓公大驚：「楚有賢臣如是。吳猶欲滅之？寡人無臣若斯者，其亡無日矣。」為賦無衣之詩⑦。

——《吳越春秋・闔閭內傳》

【原典精華】

豈曰無衣？與子同袍⑧。王于興師，修我戈矛⑨，與子同仇。

豈曰無衣？與子同澤⑧。王于興師，修我矛戟⑨，與子偕作⑩。

豈曰無衣？與子同裳⑧。王于興師，修我甲兵，與子偕行。

——《詩經・秦風・無衣》

申包胥向秦哀公請求發兵救楚，哀公說：「我知道了，你先回賓館休息，我開會決定以後，再通知你。」

申包胥說：「我的國君如今仍在草野之中逃亡，他一刻不得安歇，我做臣子的怎麼可能安心休息。」繼續站在宮廷上哭泣，日夜不絕，也不喝一口水。

秦哀公拗不過他，下令即刻發兵救楚。

---

③僇：通「戮」。

④踵：腳跟。蹠：音「直」，腳掌。劈：裂開。

⑤鶴倚：靠立如鶴。

⑥封：大。豕：音「使」，野豬。封豕、長蛇都是既暴且貪，意欲吞食他人。

⑦無衣：《詩經》章名。

⑧袍：舊棉翻成的棉衣。澤：皮膚上的油汗，引申為內衣。裳：上身為衣，下身為裳。同袍、同澤、同裳：都是「共患難」的意思。

⑨戈：短槍。矛：長槍。戟：三尖槍。

⑩作：奮起。

本事27、火攻

秦國的救兵出發了，另一方面，吳國南方的附庸越國卻趁虛而入，占領楚國的吳軍頓時陷入被夾擊的危機。

越國原本是吳國的附庸，每年照例要進貢物品，包括之前寫到的寶劍魚腸、湛盧，就是越王允常進貢的。

吳王闔閭用孫武為將，雖然吳軍勝多敗少，但畢竟吳國比起楚國來，國也小、人也少，因此闔閭好幾次要求越國配合出兵。可是越國自允常開始漸漸強大，有點不甩吳國，所以始終未曾配合出兵。

為此，吳王闔閭曾經發兵攻打越國。雙方在檇李（地名，檇音「醉」，在今浙江境內）會戰，吳軍勝，占領檇李，吳越自此翻臉。

吳軍傾巢而出攻打楚國，可是楚國廣大的土地「吸收」了吳軍，致使吳國內部空虛。

越王允常趁此機會出兵，偷襲吳國後方。

這時，申包胥由秦國搬請來的救兵也到了楚國，楚昭王也派子期收拾各地楚軍殘部，組成反抗軍，與秦軍會合，大敗吳軍主力之一的夫概部隊。另外，楚將司馬子成也會同一支秦軍，消滅了吳國的盟友唐國。

吳王闔閭的弟弟夫概在被秦楚聯軍擊敗之後，居然領兵潛回吳國，自立為吳王。闔閭當然不能容忍這種事情，就帶了吳軍主力部隊，回國攻擊夫概。夫概不是對手，逃奔楚國。楚昭王將夫概封在棠谿（今河南境內），作為將來對付吳國的一顆棋子。

闔閭回國平亂，伍子胥仍率領一部分占領軍，留在楚國作戰。楚軍統帥子期計畫對吳軍進行火攻，火攻在當時被視為殘忍的戰法，所以楚國大夫子西勸諫統帥子期：「火攻一旦發動，火焰可不長眼睛。我們楚國戰士戰死沙場，都還沒有為他們收屍，就這樣放火，肯定會燒著他們的骸骨，這樣做（火攻）應該嗎？」

子期說：「國家都幾乎亡了，百姓流離失所，現在正是危急存亡的關鍵時刻。怎麼可以為了愛惜死者，而讓生者繼續犧牲？死者如果有知，應該會乘著煙霧起時幫助我們殺敵吧！如果無知，我豈能捨不得草叢中的枯骨？」

於是發動火攻，吳軍大敗。伍子胥說：「雖然敗了一陣，但是主力並未受損，還有得

楚軍發動火攻，
大敗吳軍

拚。」

孫武說：「以小小吳國，已經攻下楚國首都，趕走了楚昭王，更將楚平王鞭屍，這樣也夠了吧！」

孫武幫伍子胥找到了下台階，於是伍子胥說：「自從五霸以來，還沒有做為臣子而如此報仇的。可以了，回去吧！」吳軍乃全數退出楚境。楚昭王回到郢都，楚國復國。

【原典精華】

秦師又敗吳師。楚子期將焚吳軍。

子西曰：「吾國父兄身戰，暴①骨草野焉，不收又焚之，其可乎？」

子期曰：「亡國失眾，存沒②所在，又何殺生以愛死？死如有知，必將乘煙起而助我；如其無知，何惜草中之骨而亡吳國？」遂焚而戰，吳師大敗。

①暴：破音字讀「瀑」，暴露。

②沒：音「莫」，死亡。存沒：存亡。

子胥等相謂曰：「彼楚雖敗我餘兵，未有所損我者。」
孫武曰：「吾以吳干戈西破楚，逐昭王而屠荊平王墓，割戮其屍，亦已足矣。」
子胥曰：「自霸王以來，未有人臣報讎如此者也。行，去矣！」

——《吳越春秋．闔閭內傳》

楚國樂師扈子作了一首歌曲，譏刺楚平王聽信讒慝、殺害忠良，以致於引來外患，害得後君倉皇辭廟，自己被鞭屍。如今吳軍雖去，楚國人心恐慌卻尚未平復。希望楚昭王平反被誣陷者的名聲，表彰忠烈將士，千萬不要重蹈覆轍。

楚昭王聽了，感動得淚流滿面，體會歌曲中的深意，而扈子為此終身不再彈奏（因為直接諷刺國君是大不敬）。

本事28、句踐怪招

吳王闔閭對伐楚功虧一簣非常懊惱，他將原因歸咎於越王允常偷襲後方，以及弟弟夫概乘虛竊位。在敉平夫概之亂後，消息傳來：越王允常死了，兒子句踐繼位。闔閭立即發兵伐越，兩軍又在檇李對上了。（上次是闔閭出兵懲罰越國不肯出兵攻楚，攻下了檇李。）

才剛即位的越王句踐面對能征慣戰的吳國軍隊，心知不可能憑實力與之對抗，於是想出了一個怪招：

將軍中的死罪犯人排成三行，走向陣前，每個人都用劍架在自己頸子上，派其中一人高聲呼叫：「兩國相戰，我等犯了軍法，不敢逃避制裁，但願死在吳軍陣前！」

然後，一個一個走向前，用劍割頸，自刎而死！

吳軍雖然是久經沙戰的部隊，卻幾曾見過這種場面，一個個都看得目瞪口呆。

句踐抓住這「凍結」的一刻，揮師進攻，打吳軍一個措手不及。等吳軍回過神來，陣

越王句踐
命死刑罪犯一行三人
到陣前割頸自殺

腳已亂，於是大敗。

【原典精華】

（句踐）使三人屬①，劍於頸，而辭曰：「二君有治②，臣奸旗鼓③，不敏④於君之行前。不敢逃刑，敢歸死。」遂自剄也。師屬①之目，越子因而伐之，大敗之。

——《左傳．於越敗吳於檇李》

越國大夫姑浮用矛擲向闔閭，中左足，削掉了大拇指，因而「俘獲」吳王的軍靴。吳軍一口氣奔逃七里，才停下來整頓，闔閭因流血過多而死。在嚥下最後一口氣之前，告訴太子夫差：「你一定要報這個仇。」

①音「主」，前者做動詞用，意為「連接」；後者做形容詞用，意為「注意」。
②治：治軍，開戰。
③奸：違背。旗鼓：軍令。
④不敏：不材，犯錯誤。

本事29、夫差復仇

夫差其實是吳王闔閭的孫子。闔閭的太子名叫姬波，闔閭為他娶了齊國的公主。那位公主卻不是心甘情願嫁來吳國，而是闔閭伐齊，齊侯送來的人質。所以，公主每天上城門向北望（齊國在吳國北方），姑蘇城的北門因此又稱為「望齊門」。

齊國公主思念故國，積憂成疾，最後病死了。太子波與齊國公主夫妻感情深重，也跟著病死了。闔閭要在諸公子之間挑選繼承人，難以決定。

太子波的兒子夫差很努力爭取繼承人的位子，他曉得闔閭最信任伍子胥，所以在伍子胥身上下了很大的功夫，對伍子胥早也說晚也說：「大王要立太子，除了我，還有誰更適合呢？」

伍子胥說：「誰是太子尚未決定。當大王召見我的時候，就會定案了。」言下之意，對自己的影響力很有把握。

終於，闔閭召見伍子胥，跟他商量立太子的事宜。伍子胥說：「我認為太子波與秦國公主生的兒子夫差最適合。」

吳王闔閭說：「夫差智慧不足，仁心不夠，恐怕守不住我打下來的基業。」

伍子胥說：「父死子繼是周禮明文規定，將來不會產生爭議。」

闔閭想起自己當年的經驗，由於吳國亂了「嫡長制」，乃至必須以暗殺與軍事政變來解決王位繼承問題，於是同意伍子胥的主張。

就這樣夫差當上了太子，也在吳王闔閭臨終之前接到遺命。

夫差日思夜想為闔閭報仇，派了一個專人站在庭前，只要夫差進出，就朗聲說：「夫差，你忘了越王殺你父親的仇了嗎？」夫差必定恭恭敬敬的回答：「啊，不敢忘記。」勵精圖治，整軍經武，矢志報仇。

【原典精華】

夫差使人立於庭，苟出入，必謂己曰：「夫差，而①忘越王之殺而夫②乎？」則對曰：「唯③，不敢忘。」

——《左傳．夫差不忘父仇》

越王句踐當然知道吳王夫差積極想要報仇，因此想在對手準備尚未充分之前，先下手為強。大夫范蠡勸諫：「不好吧，武器屬於凶物，發動戰爭是殺生違反天道，爭一口氣（報仇常是意氣之舉）是末節。為了末節而違背天道，並且好用凶器，上天不容，對人不利。」

【原典精華】

范蠡諫曰：「不可。臣聞兵者凶器也，戰者逆德也，爭者事之末④也。陰謀逆德，好用凶器，試身於所末，上帝⑤禁之，行者不利。」

——《史記．越王句踐世家》

范蠡勸諫，句踐不聽
兵凶戰危，違反天道，恐怕對大王不利。
我有意先下手為強進攻吳國。

可是句踐心意已決，發兵進攻吳國。吳王夫差已經準備了三年，當即動員全國精銳部隊迎戰。兩軍在夫椒會戰，越軍大敗，句踐帶領五千甲兵退守會稽山（在今浙江），山下被吳軍團團圍住。

句踐對范蠡說：「沒聽你的話，落到如此下場，現在該怎麼辦？」

范蠡說：「吳王現在正志得意滿，國君若能放低姿態，以謙卑的言辭和厚重的禮物向他求和，有可能逃過一劫。如果對方還不肯，就將姿態再放低，自己去吳國當他的奴僕。總之，留得青山在，不怕沒柴燒。」句踐於是派大夫文種為使者，前往吳軍陣營請和。

①而：通「爾」。
②夫：通「父」。
③唯：應答時的語助詞。
④末：末節，相對於「本」。
⑤上帝：上天的主宰。

本事30、太宰嚭

越王句踐派大夫文種去向吳王求和。文種到了吳營，袒露上身，下跪、用膝蓋交互前進（肉袒膝行），見到吳王夫差，叩頭有聲（頓首），說：「大王的亡國之臣句踐派他的陪臣（臣之臣稱「陪臣」）文種，冒昧向大王的部下管事者報告：句踐請求做為臣僕，妻子願為大王的妾。」

【原典精華】

大夫種行成①於吳，肉袒膝行頓首②曰：「君王③亡臣④句踐使陪臣⑤種敢告下執事⑥：句踐請為臣，妻為妾。」

——《史記・越王句踐世家》

這個姿態真是夠卑微的了，吳王乃有意答應越國求和。

伍子胥說話了：「老天將越國賜給吳國，天予弗取，反受其殃，千萬不可答應他。」夫差因此不答應越王求和。

文種回去，將情況報告句踐。句踐心一橫，要殺掉老婆孩子，燒掉傳國寶器，下山與吳軍拚死一戰。

文種阻止句踐，說：「依我的觀察，吳國的太宰嚭是個貪婪的角色，可以誘之以利。請允許我私下微服拜訪他。」

太宰嚭就是先前從楚國投奔吳國，經伍子胥推薦給吳王闔閭的那位白喜。他後來改名為伯嚭，吳王夫差任命他為吳國的太宰，因此稱為「太宰嚭」。

句踐收集軍中所有珍寶，外加兩名美女，讓文種偷偷帶去賄賂太宰嚭。太宰嚭收下賄賂，為文種引見吳王。文種跪下叩首，說：「懇請大王赦免句踐的罪過，收下越國的傳國

①成：求和。
②膝行：跪著以膝蓋著地前行。頓首：磕頭。
③君王：稱吳王夫差。
④亡臣：求和，所以稱臣；求命，所以更低姿態稱「亡臣」。
⑤陪臣：臣子的臣子。
⑥執事：猶言「左右」。

文種肉袒膝行
去到吳營求和

寶器（象徵越國成為吳之屬國）。如果不幸的，大王不接受投降，句踐只好將老婆孩子都殺了，傳國寶器都燒了，率五千甲士拚死一戰。那樣的話，吳軍也會有相當的傷亡（一個拚一個的話，吳軍也要損失五千人），那不是有傷大王所愛的軍士嗎？」

【原典精華】

種頓首言曰：「願大王赦句踐之罪，盡入其寶器。不幸不赦，句踐將盡殺其妻子，燔⑦其寶器，悉五千人觸戰⑧，必有當⑨也。」

——《史記．越王句踐世家》

太宰嚭一旁幫忙說話：「越王願為臣僕，軍隊不必傷亡，這是對國家有利的事情啊！」夫差想要答應，伍子胥又進諫了，這次他說了少康中興的故事，提醒「如今吳國的實力不及當年寒浞（寒浞篡位為夏后，奪取天下），而越國比少康大很多（少康復國只靠「有田一成，有眾一旅」）。」他的諫言其實很有說服力，因為越國正是少康的後代。

可是伍子胥講了一句話讓夫差很不順耳：「今天不滅越，將來必定後悔。」夫差是「少主」，所有的少主都一樣，最聽不得老臣說「不聽我的，將來你一定後悔」。為了表示「少主我有自己的定見」，夫差否決了伍子胥的諫言，採納了太宰嚭的意見。

伍子胥退下，對人說：「越國以十年生育丁男、積聚戰備，再以十年教育訓練，二十年之後，難道吳國將成為沼澤地了嗎？」

【原典精華】

（伍子胥）退而告人曰：「越十年生聚，而十年教訓，二十年之外，吳其為沼⑩乎？」

——《左傳．伍員諫平越》

---

⑦燔：音「凡」，焚毀。

⑧觸戰：拚死肉搏，如野獸般相觸。

⑨當：相當。越軍五千人死戰，當可以「拚掉」吳軍五千人。

⑩沼：沼澤。吳國將成為沼澤，意指戰敗國土荒廢。

本事31、錢塘觴別

古時候的越國就在今天的浙江，境內最大的河流是錢塘江。錢塘江由於上游多曲折，因此又稱浙江、浙水（浙，曲「折」的水）。浙江省由於浙水而得名，也因為是古越國之地而簡稱越。

越王句踐夫婦要去姑蘇（吳國都城，今蘇州）當吳王的奴僕，隨行大夫是文種、范蠡，越國其他大夫送行，一直送到錢塘江邊上，在江邊祭祀祖先。

文種手持酒觴（音「傷」，盛有酒的杯子），發表祝辭：「皇天保祐越國，之前雖然沉淪，之後必定奮揚。君臣在這裡離別，赤忱感動天上的皇帝，大王此行必然無殃，一定能安然歸國。」

句踐仰天長嘆，舉杯垂淚，說：「我繼承列祖先王，保衛這個國家。如今卻遭受如此奇恥大辱，成為天下諸侯的笑柄，是寡人的罪過呢？還是諸位大夫的責任？我不明白錯在

越王站在船首絕不回顧，
夫人在舟中哭泣

哪裡，請大家說說看。」

大夫扶同說：「大王為何這麼說呢？從前成湯被夏桀拘禁在夏臺，伊尹不離其左右；周文王被囚在羑里，姜太公也不拋棄他的國家。夏桀和商紂都是倚仗武力來虐待二位聖人，而二聖更能委曲自己以順服天意，不因困厄而懷憂喪志。」

句踐聞言，情緒開始激動，說：「從前帝堯任用舜、禹，雖有洪水肆虐，但仍能克服天災，禍患也不會及於國君！」言下之意，橫遭此辱都是大夫們無能。（自己不是堯，卻責怪群臣不是舜、禹！）

大夫苦成說：「事情並不是大王講的那樣。天道有它運行的規律，各人的福德也有厚薄不同。黃帝必須戰勝蚩尤才能當上天子，堯舜卻能行禪讓政治。三王（商湯、周文王、周武王）都是以臣弒君，五霸（齊桓公、宋襄公、晉文公、秦穆公、楚莊王）時代諸侯頻頻發生以子弒父。現代的世道，更有如市場交易，爾虞我詐，有賺有賠。不幸身陷困厄，只好等待時機重新出發罷了。」

句踐有點動氣了，說：「大夫們應該未雨綢繆，為國消災，讓國君安享如泰山般的福祐。現在我面對如此絕望之境，你們卻儘說些什麼商湯、周文，一定要先遭困厄，然後才能稱霸的鳥話！我這一去可能就回不來了，你們難道就不能講些務實有用的嗎？」

大夫文種、范蠡打圓場：「古代聖王雖然身體被拘囚，名聲卻更尊貴，天下諸侯才會聯合起來營救他、擁護他，共同討伐他的敵人。希望大王在困厄中能忍受委屈，臣下一定竭智盡忠。要曉得，能斬斷骨頭的寶劍，未必有削皮剔毛之利；能刺穿鐵甲的矛，未必有分理頭髮之便；能規畫行政的人才，未必有讓國家突然興盛的妙計。吳國興盛，越國就不免受辱；將來越國稱霸，吳國就要滅亡。眼前的危難，實在是天道氣數使然，何必懷憂喪志？要知道，吉往往是凶的開始，福往往是禍的根源。大王今天雖然危險困頓，誰知道這不是否極泰來的契機呢？」

【原典精華】

（文種、范蠡曰）：「聖王賢主皆遇困厄之難，蒙不赦之恥①，身拘而名尊，軀辱而聲榮。……時過於期②，否終則泰③，諸侯並救王命，……遂討其仇。……夫截④骨之劍，無削剟⑤之利；陷鐵⑥之矛，無分髮之便；建策之士，無暴興之說⑦。……夫吉者凶之門，福者禍之根。」

——《吳越春秋．句踐入臣外傳》

文種與范蠡是隨行共患難的大夫，他們點醒句踐「將來還得這些大夫同心協力才能復興越國」，句踐這才收拾情緒，說：「寡人就要出發去吳國了，國內的事得要煩勞諸位大夫，請大家各自認分，我將國事正式託付。」

有兩位大夫表示，將國事總的授權給文種就好了，其他人遵照文種的指示辦事。但「授權一人」正是生性多疑的句踐最不願意的，所以要求群臣各自「認分」。

終於諸大夫都「認」了：苦成主管內政、曳庸主管外交、皓進主管司法、諸稽郢主管國防、皋如主管經濟、計然主管曆法，諸大夫的責任分工停當。

句踐於是正式向群臣告別，大臣們個個垂頭啜泣，句踐仰天自語：「死亡是人人都害怕的，但是我現在一點也不會感到懼怕。」登船而去，始終沒有回頭。

在船上，越王的夫人趴在船邊哭泣，對著水鳥唱出悲歌：「我有什麼罪對不起天地，

---

①不赦之恥：指被囚禁。

②時過於期：撐過一段期間。

③否終則泰：否極泰來的意思。

④截：切斷。

⑤剟：音「奪」，割。

⑥陷：刺入。陷鐵之矛：銳利得能夠刺穿鐵甲的矛。

⑦暴：突然。暴興之說：使國家突然興盛的主張。

要失去美好的生活？誰知道哪天才能回來？」又哀吟：「妻子穿著粗布衣服為婢，丈夫丟掉王冠為奴。腸子在身體中糾結，仇恨牢記在心坎。我多麼希望身為飛鳥，能夠展翅自由飛翔。」

越王聽見夫人的哀怨歌聲，內心慘慟，但口中卻說：「寡人有什麼可憂傷的呢？我已經為起飛準備好了六翮（翮音「合」），鴻鵠高飛全靠六根強健的羽毛）。」

【原典精華】

遂別於浙江之上，群臣垂泣，莫不咸哀。越王仰天歎曰：「死者，人之所畏。若孤之聞死，其於心胸中會無怵惕⑧。」遂登船逕去，終不返顧⑨。

……

越王聞夫人怨歌，心中內慟，乃曰：「孤何憂？吾之六翮⑩備矣！」

——《吳越春秋·句踐入臣外傳》

⑧怵：音「觸」，害怕。怵惕：恐懼警惕。
⑨返顧：反顧，回頭看。
⑩翮：音「合」，強壯的羽毛。鴻鵠一飛沖天，全靠「六翮」：翅膀下的六根健羽。

本事32、范蠡

句踐到了吳國，向夫差下拜稱臣，表示「願意拿著掃帚畚箕，做僕役的事，換取苟延殘喘」。

夫差問他：「我對你實在太寬大了，你有想過殺我父王之仇嗎？」

句踐說：「如果之前我在戰場陣亡，死了也就死了。如今大王既然饒我一死，懇求大王原諒我的罪過。」

伍子胥站在旁邊，目中宛如冒出火花，聲音若雷霆震響，說：「飛鳥在青雲之上，人們都還想用弓箭射牠下來，何況牠如今就臥伏在宮中的水池旁、棲息在走廊上呢？越王如今已進入了我們的柵欄，這已經是一個廚師就可以完成的工作了（烹而食之），豈可就此放過？」

但是，夫差已經被句踐的卑微姿態所軟化，說：「我聽說，誅殺投降的人，將會禍及

越王句踐在吳王宮中養馬，
夫婦與隨從都住在石室之中

三代。我不是喜歡越王，是害怕得罪上天。」

太宰嚭見狀，趕緊進言：「伍子胥只曉得一時的利害，不明白安國的道理。大王不要被小人的意見拘束了。」

【原典精華】

伍胥在旁，目若熛火①，聲如雷霆，乃進曰：「夫飛鳥在青雲之上，尚欲繳②微矢以射之，豈況近臥於華池③，集④於庭廡⑤乎？今越王放於南山之中，游於不可存之地，幸來涉我壤土，入吾梐梱⑥，此乃廚宰之成事，食也，豈可失之乎？」

吳王曰：「吾聞誅降殺服，禍及三世。吾非愛越而不殺也，畏皇天之咎教而赦之。」

太宰嚭諫曰：「子胥明於一時之計，不通安國之道。願大王遂其所執⑦，無拘群小之口。」

——《吳越春秋．句踐入臣外傳》

太宰嚭堪稱鬥爭高手，輕描淡寫一句，就話把伍子胥打入了「小人」之列。而伍子胥仍自恃當初擁立之功，夫差尊他為「相國」，所以始終沒把太宰嚭放在眼裡，而兩人的鬥爭自此公開化。

吳王命句踐在宮中駕車、養馬，君臣一起居住在一個石室之中，沒光線、不透風。三個月後，召見越王，句踐伏在地上，范蠡站立在句踐後方。

吳王對范蠡說：「越王已經接近亡國，成為天下的笑柄。你隨著主子一同來吳國當奴僕，不是滿糗的嗎？寡人可以赦你的罪，你願不願意棄越歸吳呢？」

范蠡說：「人家說：亡國之臣沒資格談政治，打敗仗的將軍不夠格談勇敢。我在越國表現不佳，追隨越王與大王為敵，如今戰敗了，君臣一同投降。承蒙大王鴻恩，饒我們君臣不死，能夠擔任掃地、供使喚，這就是我最大的願望了。」言下之意，是「不願」為吳

---

①熛：音「標」，通「飆」。
②繳：破音字唸「卓」，射鳥時繫在箭上的絲繩。
③華池：傳說中崑崙山上的仙池，吳王宮中水池以此名之。
④集：棲息。
⑤廡：音「武」，兩邊廂房的走廊。庭廡，泛指屋宇庭院。
⑥梐：音「必」；梱，音「捆」。梐梱：古代官署前的柵欄。
⑦遂：成全。遂其所執：讓句踐去做他所請求的「執箕帚」工作。

臣。

越王趴在地上，淚流滿腮，心想：「這次將失去范蠡了，吳王一定會殺他的。」

但是，吳王夫差卻興起「非降服范蠡不可」的念頭，就說：「你如果不改變主意，我就將你們再關進石室當中。」

范蠡說：「甘願服從命令。」

吳王起身回宮，越王君臣則回到石室。

【原典精華】

范蠡對曰：「臣聞亡國之臣，不敢語政，敗軍之將，不敢語勇。臣在越不忠不信⑧，今越王不奉大王命號，用兵與大王相持，至今獲罪，君臣俱降。蒙大王鴻恩，得君臣相保，願得入備掃除，出給趨走，臣之願也。」

此時越王伏地流涕，自謂遂⑨失范蠡矣。

吳王知范蠡不可得為臣，謂曰：「子既不移其志，吾復置子於石室之中。」范蠡曰：「臣請如命。」

吳王起入宮中，越王、范蠡趨入石室。

——《吳越春秋．句踐入臣外傳》

⑧不忠不信：自稱在越國為臣能力不足。
⑨遂：就此。

本事33、一波三折

三年，對一般人都是一個不算短的日子，對句踐夫妻、君臣當然更覺漫長。尤其難做到的是，臉上絕對不可以表現出一絲絲怨恨或慍怒。只要稍微露出一絲絲足以讓吳王夫差起疑心，或足以讓伍子胥拿來做文章的舉動，就前功盡棄矣。

忍字心頭一把刀，忍辱負重是一種毅力，但是換一個角度看的話，一個能忍人所不能忍的人，至少他的仇敵該提防一下。

可是吳王夫差沒有這種警覺心，有可能是勝利的喜悅已經蒙蔽了他的戒備之心，也有可能是夫差有著婦人之仁。總之，夫差覺得句踐夫妻、君臣「處窮厄之地而不失禮」，非常難得，且令他同情。再加上太宰嚭只要有機會就從旁講幾句話好話，於是吳王有一天對太宰說：「選一個吉日良辰，赦免越王夫妻君臣，放他們回國。」

太宰嚭將這個好消息，透過管道告知句踐。（越國一直有祕密管道供輸伯嚭財物。）

范蠡卜卦
看出事情有波折

句踐按捺住興奮心情，召來范蠡，研究這件事情「成不成」？范蠡為此起了一課（卜一卦），卦象顯示「日辰剋制了月辰，時辰又剋制了日辰」，認為事情不會順利，不可高興得太早。

果然，伍子胥進諫了：「從前夏桀囚禁商湯而不殺，商紂囚禁周文王而不殺，等到天道反轉，禍轉成福。商湯、周文原本有禍，最後反而滅了夏朝、商朝。如今大王既已囚禁越王，卻不誅殺，我認為大王的迷惑實在很深，難道不提防夏、商的前車之鑑嗎？」

伍子胥的例子舉得太糟了，這不是將夫差比成了桀、紂嗎？然而，伍子胥說的卻又是實話（令人生氣的實話），加上伍子胥是相國，是先王留下來的老臣，是吳國由弱轉強的功臣，更是擁立他當上太子、國君的關鍵人物，夫差不能不對他的諫言多想一想。

夫差召喚句踐入宮，可是久久不召見。范蠡、文種對這種情形很不安，又起了一課，結論是：「吳王將要擒拿越王。」過一會兒，太宰嚭出來，對文種、范蠡說：「越王將再被關回石室。」

伍子胥再對吳王說：「一個建立王朝的國君，攻克敵國以後，就誅殺其君，以此得免子孫遭報復的隱患。越王現在又關進石室了，還是早點『處理掉』為宜，否則必成為吳國的後患。」

太宰嚭一聽，苗頭不對。他收了越國好處，不能讓句踐被殺，同時也不容伍子胥在這件事情上面占了上風。於是說：「從前齊桓公割燕莊公所到之地給燕國，博得國際間崇高聲望*；宋襄公等楚軍渡河完成才開戰，當時若戰勝，必定一戰而霸，後來雖敗，仍留下美名**。如今大王如果赦免了越王，那麼，功業將冠於五霸，名聲超越前古。」

吳王夫差最喜歡聽這種話，可是礙於伍子胥站在一旁，就說：「我這兩天不舒服，等我病好了，就赦免他們。」

*齊桓公親自領軍幫助燕國驅逐山戎，班師回國時，燕莊公親送齊桓公進入齊國領土。齊桓公對管仲說：「周禮規定：諸侯相送不出國界。我不能讓燕君失禮。」於是將燕莊公所到達的齊國領土，通通割給燕國。齊桓公這個舉動，贏得諸侯歸心，於是成為春秋五霸之首。

**宋國與楚國開戰，兩軍隔著河列陣。楚軍渡河，宋國司馬向宋襄公建議：「趁楚軍尚未完全渡過時，發動攻擊。」宋襄公不採納，認為自己是仁義之師，不在對方尚未站穩陣腳之前發動攻擊（不鼓不成列）。結果楚軍安全渡河，兩軍交戰，宋軍大敗。宋襄公不但稱霸的美夢破碎，自己受傷，傷重不治。但是，孔子著《春秋》，卻肯定宋襄公是「仁義」行為。

【原典精華】

果①子胥諫吳王曰：「昔桀囚湯而不誅，紂囚文王而不殺，天道還反②，禍轉成福。故夏為湯所誅，殷為周所滅。今大王既囚越君而不行誅，臣謂大王惑之深也。得無夏殷之患乎？」

吳王遂③召越王，久之不見。范蠡、文種憂而占之，曰：「吳王見④擒也。」有頃太宰嚭出見大夫種、范蠡而言「越王復拘於石室」。

伍子胥復諫吳王曰：「臣聞，王者攻敵國克之則加以誅，故後無報復之憂，遂免子孫之患。今越王已入石室，宜早圖之，後必為吳之患。」

太宰嚭曰：「昔者齊桓割燕所至之地以貺⑤燕公，而齊君獲其美名；宋襄濟⑥河而戰，春秋以多⑦其義：功立而名稱，軍敗而德存。今大王誠赦越王，則功冠於五霸，名越於前古。」

吳王曰：「待吾疾愈，方為太宰赦之。」

——《吳越春秋．越王句踐入臣外傳》

①果：果然。
②天道還反：時移勢轉。
③遂：當時。只當時夫差已經宣召句踐入見。
④見：將要。
⑤貺：音「況」，賜與。
⑥濟：渡過。
⑦多：稱許。

本事34、嘗糞

要放不放，在吳王是看心情好壞，在伍子胥與伯嚭是政治角力，在句踐君臣則如貓爪下的老鼠。

偏偏，夫差的病卻久久不痊癒。之前說的「等我的病好了，就放人」，當然也就「晾」在那裡。而萬一夫差有個三長兩短，太子即位的話，伍子胥又將占了上風。在這種朝不保夕的危機意識之下，句踐被迫使出了「絕招」。

句踐在石室又關了一個月，有一天，他將范蠡召入石室，說：「吳王的病，已經三個月了還不好。你幫我卜一卦看看。」

范蠡卜了一卦，說：「吳王不會死，到己巳日就會好轉了。」

句踐：「有什麼計策可行嗎？」

范蠡：「大王可以請求探病，如果有機會入見，就請求嘗吳王的糞便，然後向他拜

越王句踐
嘗吳王夫差的糞便

賀，告訴他哪個日子好轉、哪個日子會痊癒。一旦你的話得到印證，事情就好辦了。」

隔天，句踐對太宰嚭說：「我請求入見大王探病請安。」太宰嚭為他轉達，吳王夫差召見句踐。

太宰嚭出來時，拿著吳王的便桶出去倒。（堂堂太宰親自拿便桶，伯嚭如此逢迎拍馬，伍子胥哪裡是對手？）句踐在門口遇上，立即下拜（句踐的姿態更低，連見到便桶都下拜），請求嘗一下大王的糞尿，以研判病情。於是伸手入便桶，沾溲便入口嘗了嘗。（噁！）

進入內宮，向夫差拜賀：「卑微的囚臣句踐恭賀大王，大王的病將在己巳日好轉，到三月壬申日痊癒。」

夫差問：「你怎麼知道？」

句踐：「下臣曾經向一位老師學醫，人的糞便順五穀之氣，逆時氣者死，順時氣者生。方才下臣嘗了大王的糞便，味道苦且酸，這個味道剛好順春夏之氣，所以知道大王的病情將好轉。」

夫差聽了，龍心大悅，當即下令，允許越王離開石室，可以住在房屋裡（通風、採光，升了一等），但仍然負責餵養馬匹。

句踐自從嘗了吳王的糞便之後，就染上了口臭的毛病，呼出的氣味令人掩鼻。范蠡於是命令越王左右，一律嚼食岑草。岑草是一種野菜，摘斷時，其汁液有淡淡的臭味。人們平常是不會去吃它的，但是遇到凶年歉收時，為了顧肚皮，就顧不了氣味，只好吃它。越王左右吃了岑草，個個口中都有臭味，就聞不到句踐的口臭了。

【原典精華】

越王明日謂太宰嚭曰：「囚臣欲一見問疾。」太宰嚭即入言於吳王，王召而見之。適遇吳王之便，太宰嚭奉溲惡①以出，逢戶中。越王因拜：「請嘗大王之溲，以決吉凶。」即以手取其便與惡而嘗之。因入曰：「下囚臣句踐賀於大王，王之疾至己巳日有瘳②，至三月壬申病愈。」吳王曰：「何以知之？」越王曰：「下臣嘗事師，聞糞者順穀味，逆時氣者死，順時氣者生。今者臣竊嘗大王之糞，其惡味苦且楚酸。是

①溲：音「搜」，尿。惡：糞。
②瘳：音「抽」，減損。病情「減損」，意指病況好轉。

味也，應春夏之氣。臣以是知之。」

吳王大悅，曰：「仁人也。」乃赦越王得離其石室，去就其宮室，執牧養之事如故。

越王從嘗糞惡之後，遂病口臭。范蠡乃令左右皆食岑草，以亂其氣。

——《吳越春秋．句踐入臣外傳》

三月己巳日，吳王的病情果然好轉，三天後，壬申日，真的痊癒了！

本事35、縱虎歸山

夫差病癒臨朝，心情大好，在姑蘇城文臺擺下酒宴慶祝。想到：「句踐對病情預測得真準，又對我忠心。」於是宣布：今天為越王設宴，位置擺在北面（面朝北，正對君王，也就是敬陪末座），群臣以賓客之禮對待他。

伍子胥聞言，急步走出，回到自己家裡，表示不願與越王同席。

酒酣耳熱，太宰嚭說話了：「奇怪啊！相國（伍子胥）怎麼不願意參加慶祝大王痊癒的宴會呢？我聽說，『同聲相和，同心相求』，難道相國與大王及群臣不同心嗎？」

夫差聽了，說：「是啊！」

范蠡見狀，用眼色暗示句踐，兩人一同起身敬酒，發表了一篇祝詞，節錄一小部分：「大王躬親鴻恩，立義行仁，九德四塞，威服群臣。……傳德無極，上感太陽。……四海威承，諸侯賓服，永受萬福。」聽得夫差龍心大悅。

隔天，伍子胥入宮進諫：「大王請想想昨天的場面？句踐是一個胸懷虎狼之心，口說美麗辭藻的貨色，只為了求活命，做出卑微的舉動。要曉得，跟豺狼親近，最終會危及己身。大王今天愛聽阿諛的言詞，卻不考慮將來無窮的憂患。句踐是你曾經瀝血為誓要報復的仇敵，如今卻聽信讒佞小人（指伯嚭）之言，忘了國仇家恨。這好比把毛皮扔在炭火之上，把雞蛋置於千鈞之下，卻期待它不焦、不破，可能嗎？不危險嗎？我聽人說，夏桀登上高處時，自知身處危境，可是不知怎樣才能讓自己安全；白刃抵住胸口時，知道死已臨頭，卻不知如何才能脫險。迷途知返的話，走錯路還不算太遠，願大王明察。」

又來了，又是囉裡囉唆一大篇，又把夫差比擬為桀紂，又是老臣教訓少主「迷途知返」！

夫差對伍子胥的不滿，一下子宣洩出來：「寡人生病三個多月，不曾聽到過相國一聲問候之語，也不見相國進獻食物。越王過去確實犯了大罪，可是他甘願來吳國做奴僕，還帶了妻子、大臣一起來服侍我。甚至在我生病時，親口嘗我的糞便，表現了對我的忠心。我幸好上次沒有聽你的話將他殺了，那樣豈不有負皇天？」

伍子胥說：「大王請以常理思考一下。老虎為什麼將姿勢放低，因為牠準備出擊；狐狸為什麼將身子低伏，因為牠要偷取東西。雉雞因為羽毛炫麗而被網捕捉，游魚因為貪餌而上鈎。如今大王以越王的乖順為義，以他嘗糞為慈，以他獻出府庫為仁。事實上，這些都證明他可以為了保全自己的性命，而做出有違人性的行為，而且不顧自己國家的人民。這是一個多麼冷酷且陰險的人哪！臣以為：越王來吳國為奴僕，是他老謀深算之處；他飲大王的尿，是為了吃大王的心；嘗大王的糞，是為了吃大王的肝。大王啊！越王正在算計吳國，吳國危險了。我不敢逃避死亡以辜負先王，擔心社稷變為廢墟，宗廟長滿荊棘，到時候將悔之莫及。」

一聽到「先王」，夫差更不高興了，說：「相國這種話，以後別再說了，我不忍再次聽到。」

【原典精華】

子胥曰：「何大王之言反也？夫虎之卑勢①，將以有擊②也；狸之卑身，將求所

①卑：放低。卑勢：放低姿勢。
②擊：撲擊。

取也。雉③以眩移④拘於網，魚以有悅死於餌。……大王以越王歸吳為義，以飲溲食惡為慈，以虛府庫為仁，是故為無愛於人⑤，其不可親，面聽貌觀⑥以存其身。今越王入臣於吳，是其謀深也；虛其府庫，不見恨色，是欺我王也；下飲王之溲者，是上食王之心也；下嘗王之惡者，是上食王之肝也。……」

——《吳越春秋．越王句踐入臣外傳》

終於，吳王夫差放越王句踐回國了。還親自送行到蛇門（姑蘇城南門）之外，吳國群臣陪同祭祀路神。

吳王對越王說：「寡人赦免國君（已經稱句踐為「君」），讓你回到自己的國家，請國君你一定要記取教訓。」

越王跪地磕頭，說：「大王體念我的苦心，讓我得以回到故國。我和文種、范蠡，以及越國所有臣民，都願意為大王效死。蒼蒼上天為證，我絕對不會背叛大王。」

吳王說：「好了、好了，君子一句話不重複說，該上路了，請你自勉。」

越王又趴在地上，叩拜了兩次。吳王牽起越王的手，引他上車，由范蠡駕車（不用御者，因為不敢露出王者架勢）——吳王縱虎歸山矣！

一行走到三津渡口，過江就是越國了。句踐仰天長歎說：「啊！沒想到我居然還能活著渡過這個津口」。轉身對范蠡說：「先生要不要幫我卜一下吉凶？」

范蠡說：「大王不必有疑慮，只管向前看、向前行，越國必當有福，吳國將有憂患。」

一行走到了浙江江邊，望見越國山川秀麗，當時天清氣朗，越王夫人掩面啜泣。可是很快就停止了哭泣，因為，越國的大夫們領著百姓來迎接國王了。

③雉：野雞，尾巴上有五彩長羽毛。
④眩移：目眩神移，引人喜愛觀賞。
⑤無愛於人：對人民不慈愛。
⑥面聽貌觀：察言觀色以討好他人。

本事36、臥薪嘗膽

回到越國的句踐，面對的是一個百廢待興的局面。之前因戰敗而成為一片廢墟，句踐本人隨後去吳國給夫差當奴僕，國政荒廢了三年。

句踐的首要之務，就是讓越國人民恢復信心。

入臣吳國，在句踐個人而言是忍辱負重，在越國人民心中則是永遠的痛。雖然人心因為仇吳而凝聚，可是一旦國君回來，必須迅速提振人心，否則若越人認為報仇遙遙無期，人心會轉而成為怨懟，句踐將無以團結人心。

句踐的第一個動作是築城，向越國人民展示：越國站起來了。

城，是國君權威的象徵，也是人民心目中「安全」的象徵。人民每天仰望高大的城牆，對國君產生敬畏，對安全充滿信心。

然而，築城是一個帶有敵意的動作，肯定會引起吳國的疑慮，也將給予伍子胥主張伐

句踐臥薪嘗膽，
矢志復仇

越的口實。

為此，受命築城的范蠡煞費苦心做了一番設計：築一個很小的城，內城周邊才一千一百多步，也就是一邊大約不到三百公尺。外城則不築完全，在西北角留一個缺口，以示對吳國不設防。可是范蠡精通風水地理之學，城內布置刻意左右對調，使得所有方位都相反，也就是目標仍指向吳國，而吳國沒有風水能人，不能識破箇中玄機。

城建好了，有座怪山「一夕自生」，形狀像似烏龜，所以又稱飛來山、龜山，老百姓俗稱其為怪山。范蠡說：「這座山原本在瑯琊（音「郎爺」，今山東省境內）海邊，名叫東武山。」句踐在東武山上築了五座樓臺，以增添首都王城的氣派。

城，是領導中心的象徵；臺，是國君氣派的象徵。但是國政百廢待舉，若句踐每天在樓臺享樂，人民卻仍過著苦日子，一定會離心離德。所以，句踐小心翼翼，出入都不敢奢侈，日夜都勞苦自己的身心。白天想打瞌睡，眼皮掉了下來，就用水蓼（音「瞭」，葉子有辛香味）刺激眼睛；腳冷不用熱水暖腳，反而用冷水浸泡刺激；冬天懷抱冰雪，夏天手捧火爐。更在出入的門口懸掛一粒苦膽，進出都要嘗一嘗，讓口中常留苦味。睡覺不睡在床鋪上，而睡在柴堆上。經常半夜哭泣，但是不敢出聲，不敢暴露出自己軟弱的一面。哭完對空長嘯，以紓發積鬱的情緒。

【原典精華】

越王是日立政①，翼翼②小心，出不敢奢，入不敢侈。越王念復吳讎，非一旦也。苦身勞心，夜以接日。目臥③則攻之以蓼，足寒則漬之以水。冬常抱冰，夏還握火。愁心苦志，懸膽於戶，出入嘗之，不絕於口④。中夜潛泣⑤，泣而復嘯。

——《吳越春秋．句踐歸國外傳》

國君如此矢志復仇，勤儉建國，人民當然更加勤奮，伍子胥對吳王夫差的警告（越國十年生聚，十年教訓），確確實實的在越國實行。

①立政：臨朝處理政務。
②翼翼：恭敬貌。
③目臥：眼皮掉下來，想睡覺。
④不絕於口：讓口中苦味始終存在。
⑤潛泣：哭泣而不出聲。

本事37、生聚教訓

築城是完善防禦，勤儉是蓄積國力。越國想要打敗吳國，更重要的是大量增加兵源，也就是必須要獎勵生育。

越王句踐有一套積極的促進生育人口政策：壯年男子不准娶老妻，老男人不准娶嫩妻。女子到了十七歲還沒出嫁、男子到了二十歲尚未娶，父母都有罪。女子將要分娩，向政府報告，政府派醫生看護她。一對夫妻生有兩個兒子，賜一壺酒、一隻狗；生有兩個女兒，賜一壺酒、一隻豬（男孩長大，狗是打獵良伴；家中無男則養豬以供肉食）。

還有，一胎生三子，政府提供乳母；生雙胞胎，政府負擔其中一個。家中長子死了，免三年差役；幼子死了，免三個月差役。鰥夫、寡婦、有病者、貧弱者都可以將子女送給政府撫養。

物質獎勵有效，越王的態度更加分：各地來的優秀人才，句踐親自禮遇之（歡迎優良基因）。平常出門一定帶著羹、飯，遇到小孩子，越王親自哺餵之。句踐自己則只吃自己帶的食物（不擾民）、只穿夫人織的布、製的衣。全國免七年稅賦，平常老百姓家裡都有三年存糧。男人聚會時都歌頌德政，女人群聚場合（如溪邊浣紗）總是笑聲盈耳。

【原典精華】

令壯者無娶老妻，老者無娶壯婦。女子十七未嫁，其父母有罪；丈夫二十不娶，其父母有罪。

將免①者以告於孤②，令醫守之。生男二，貺③之以壺酒、一犬，生女二，賜以壺酒、一豚。生子三人，孤以乳母；生子二人，孤與一養。長子死，三年釋吾政④，

①免：通「娩」。
②孤：句踐自稱。
③貺：音「況」，加惠，額外福利。
④釋：免除。政：官方規定的義務，如賦稅、差役等。

季子⑤死，三月釋吾政，必哭泣葬埋之，如吾子也。令孤子、寡婦、疾疹、貧病者納官。

凡四方之士來者，必朝而禮之。載飯與羹以游國中，國中僮子戲而遇孤，孤餔而啜之施以愛，問其名。非孤飯不食，非夫人事不衣。

七年不收⑥，國民家有三年之畜⑦。男即歌樂⑧，女即會笑⑨。

——《吳越春秋．句踐伐吳外傳》

老百姓對越王感恩，主動提出請求：「當初夫差污辱我們國君，我們引為奇恥大辱，如今越國富強、君王節儉，報仇的時機到了。」

句踐回應說：「那是我一個人的恥辱，不是人民的恥辱。怎麼可以勞動全國人民去報我個人的仇？」

父老們又說了：「全國的孩子，都是國君你的孩子，子報父仇，哪有不盡力的呢？」

越國人口充實、民氣可用，可是打仗得靠「勇氣」，於是句踐乃教育人民「勇敢」：

句踐乘車在路上，看到路旁有一隻青蛙，將牠的肚皮鼓得很大，也就是一般所謂「怒蛙」。

句踐站在車上，向那隻「膨風」青蛙行「式禮」（見原典註解）。駕車的隨從覺得奇怪，問：「國君為什麼向一隻青蛙行禮呢？」

句踐說：「青蛙尚且如此有勇氣，當得起我向牠行禮。」

越國的戰士聽說這件事情，相互口傳：「國君對有勇氣的青蛙尚且如此尊敬，何況對人。」

於是越國壯丁崇尚勇氣，成了一種流行，那一年，甚至有人自殺以向國君奉獻頭顱！

⑤季子：幼子。
⑥收：收稅。
⑦畜：通「蓄」，指存糧。
⑧歌樂：歌頌安樂。
⑨會笑：群聚時笑聲盈耳。

句踐在車上
向路旁的怒蛙行禮

【原典精華】

越王句踐見怒蛙而式⑩之，御者曰：「何為式？」
王曰：「蛙有氣如此，可無為式乎？」
士人聞之曰：「蛙有氣，王猶為式，況士人之有勇者乎！」
是歲人有自剄⑪死以其頭獻者。

——《韓非子．內儲說上》

這是一種盲目效忠的勇氣，「拚勇敢」可以拚到不顧死活，但那的確是軍隊能夠勇敢赴戰、不怕死的一股強大支撐力量。至此，伍子胥的警語「越國十年生聚，十年教訓，將足以報復吳國」，漸漸成為事實了。

⑩式：手扶著車上橫木（軾），欠身行禮。
⑪剄：音「井」。自剄：自刎。

本事38、越女劍

府庫充盈，軍隊士氣高昂，接下來該要提升戰鬥技能。句踐積極徵求越軍的武術教練，大夫范蠡對句踐說：「我聽說越國南方的山林中，有一位少女，國人都稱讚她的劍術高超。建議大王召她到宮中來，向她請教劍術。」於是越王派出使者，聘請少女入都。

少女應邀北上，途中遇到一位老翁，自稱「袁公」，開口就說：「聽說姑娘劍術精湛，能不能讓老夫見識一下？」

少女說：「請老丈盡量指教，我絕不藏私。」

袁公順手拔起一根竹枝，斜斜擊出。竹枝前端枯槁，袁公以內力運勁，竹梢折斷，落向地上，少女一伸手接住了斷枝。

袁公以手中竹杖刺向少女，少女以巧妙身法閃過，讓袁公三招都撲了個空，第三招時更奪下了袁公竹杖。

少女出杖攻向袁公，袁公則飛身上樹，變成一隻白猿（「猿」、「袁」諧音，袁公原來是「猿公」），拱手作別（表示少女通過考驗）。

【原典精華】

處女①將北見於王，道逢一翁，自稱曰袁公。問於處女：「吾聞子善劍，願一見之。」

女曰：「妾不敢有所隱，惟②公試之。」

於是袁公即拔箖箊③竹，竹枝上枯槁，末折墮地，女即捷④末。袁公操其本而刺處女，處女應即入⑤之，三入，因舉杖擊袁公。袁公則飛上樹，變為白猿。遂別去。

——《吳越春秋．句踐陰謀外傳》

白猿在樹上
向越女拱手

越王見到少女，問她跟誰學劍。少女說：「我生在深山老林中，在毫無人煙的野外長大，自然界所有生物都是我的老師，我的劍術不是什麼人教的，是自己領悟、練習出來的。」

越王再問她劍術的道理，少女說了：

「劍術的技巧其實不難，但是道理卻很微妙精深。凡是手執兵刃的格鬥技法，最重要就是內心精神充實，外表神態安詳，看起來是個美麗善良的女性，一出手卻似被激怒的老虎。當內氣充盈，全神貫注，即使是在黑暗的夜晚，也覺得有如太陽照耀般明亮。

「翩然起跳，如野兔騰空；緊咬對手，如影隨形；呼吸運氣、往來搏擊，沒有一點阻礙；縱橫順逆都無聲無息。

「掌握這樣的劍術技巧，一人可以當百人，百人可以當萬人。大王如果想要試驗一下，很快就可以見到成效。」

---

① 處女：少女。
② 惟：盡意。
③ 箖箊：箖音「林」，箊音「淤」。箖箊：竹的一種。
④ 捷：敏捷的接住。
⑤ 入：閃開。閃過三招不還擊，為禮讓之意。

【原典精華】

（越女論劍道）其道甚微而易，其意甚幽而深。道有門戶，亦有陰陽，開門閉戶，陰衰陽興。凡手戰⑥之道，內實精神，外示安儀，見之似好婦⑦，奪之似懼虎⑧。布形候氣，與神俱往。杳之若日⑨，偏若滕兔⑩。追形逐影，光若彿彷。呼吸往來，不及法禁。縱橫逆順，直復不聞。斯道者，一人當百，百人當萬。王欲試之，其驗即見。

——《吳越春秋．句踐陰謀外傳》

越王聽了非常高興，當場給她加了一個封號為「越女」，命令水陸五軍的高手都向越女學習劍術，這套劍術後來被稱為「越女之劍」＊。

＊看過金庸武俠小說的讀者，當知金庸最短的一篇武俠小說《越女劍》，就是以此為藍本。

⑥手戰：手執兵刃格鬥。
⑦好婦：外貌姣好，看起來善良無威脅。
⑧懼虎：被激怒的老虎。
⑨杳：黑暗。杳之若日：黑暗中如白晝，意思是「憑感覺能知對手動靜」。
⑩偏：通「翩」，借用字。滕：通「騰」，借用字。

本事39、陳音弓

范蠡又推薦一位使用弩箭的高手楚國人陳音。

句踐向陳音請教「弓箭的源流」，陳音說：「弩由弓而來，弓由彈而來，彈則起於古時候的孝子。」

句踐問：「孝子彈？寡人沒有聽過。」

陳音說：「先民的生活簡單，餓了就打獵食鳥獸之肉，渴了就飲露水，死了就以茅草裹了，丟到野外。那孝子不忍心見到父母被禽獸吃掉，而發明了彈弓，守衛父母的遺體。」

句踐再問陳音的射術師承，陳音說：「神農大帝以弧矢（木質的弓箭）之利，威震四方。黃帝時，楚人弧父很會用弓箭，每射必中。他教出一位優秀的徒弟羿（傳說中射下九個太陽的英雄），羿傳給逢蒙，逢蒙傳給楚國的『琴氏』，之後分出好幾個流派。我的祖先是其中一支，傳到我已經第五代了。」

句踐向陳音請教弩的形狀與使用要領，陳音侃侃而談：弩的結構複雜，有許多部位：「郭」就是方城，用以守護臣民；「教」就是國君，指揮若定；「牙」就是執法，約束吏卒；「牛」是中軍將，主管內務；「關」是衛兵，檢查出入；「錡」是侍從，負責傳令；……（詳見原典精華）。簡單說，郭、教、牙、牛、弦、矢、金、衛、叉、縹、敵，都是機弩的各個部位名稱，而陳音對機弩的原理剖析，其實就是一套治國與作戰的大道理。句踐聽得佩服不已，於是下令全軍向陳音學習弓弩技術，三個月之後，越軍個個都熟習了弓弩的操作。

【原典精華】

陳音曰：「郭為方城，守臣子也；教為人君，命①所起也；牙為執法，守②吏卒也；牛為中將，主內裏也；關為守禦，檢去止③也；錡為侍從，聽人主也；臂為道

①命：作戰命令。
②守：約束。

路，通所使也；弓為將軍，主重負也；弦為軍師，禦戰士也；矢為飛客④，主教使也；金為實敵⑤，往不止也；衛為副使，正道里也；叉為受教，知可否也；縹為都尉，執左右也；敵為百死⑥，不得駭也。鳥不及飛，獸不暇走，弩之所向，無不死也，臣之愚劣，道悉如此。」

——《吳越春秋．句踐陰謀外傳》

後來，陳音死了，句踐非常傷心，將他葬在城西山上，並命名為「陳音山」。

---

③去：放行。止：不許通行。
④飛客：傳達作戰命令。
⑤實敵：穿透敵陣，故勢不可擋。
⑥百死：多次負傷瀕死，故臨陣不懼。

本事40、葛絲

生聚教訓是自立自強，削弱對手則是致勝的另一項重要工作。為此，文種派出大量間諜，蒐集吳國的各種情報。

間諜送回情報：吳王夫差喜歡「離體之服」，也就是比較寬鬆、不貼身的衣服。

越國君臣分析這個情報，認為吳王夫差這個轉變意味著心志鬆懈，喜歡享受。句踐立刻發動越國男女，入山採一種藤本植物「葛」，它的蔓莖纖維細且強韌，可以用來織成「葛絲」，色黃、質地柔細，皮膚的觸感極佳，夏天穿著涼爽舒適。

句踐蒐集了十萬匹葛絲，派文種為特使，外加九桶甘蜜、七件文笥（音「四」，竹製方形盛器）、五雙（一式二件）狐皮，以及十船箭竹等禮物，進貢給吳王。

夫差大樂，加封越王土地。原本句踐歸國時，只封給他一百里（縱橫各一百里，也就是一萬平方里）國土。如今夫差收到喜歡的禮物，說：「越國土地又小、又貧瘠，居然還

文種獻上葛絲，
夫差龍心大悅

能努力辦出如此貢禮，這顯然是越王對吳國的忠心表現。他原本是個百里之國，如今我加封他成為八百里的國家。」

伍子胥聽說此事，回到家中，躺在床上，對侍者說：「我們國君放走了石室裡的囚犯（指越王句踐），放任他在南方的樹林中奔馳（越國在吳國南方），如今只為了收到荒山的野草（葛絲），就賜給虎豹可以橫行的原野（七百里國土），怎不讓我傷心呢？」

夫差同時讓文種帶回去：羽毛裝飾的旌旗、機弩兵器、諸侯的服飾——這意味著吳王承認越國是諸侯之國。

越國君臣百姓都為此而高興，有一名採葛的婦人，體會越王用心之苦，作了一首〈何苦之歌〉：

> 葛的花蒂連著藤蔓，花葉可愛。我們大王用心良苦，所以嘗膽都不覺得苦，反而甘之如飴。命令我們上山採葛，抽絲織布，織女趕工不敢偷懶。織出來的葛絲比綢緞更柔更輕，取名「絺（音「吃」）素」，獻給吳王。越王心懷喜悅呈獻，吳王龍心大悅致書：增加封地、賜給羽旗，外加弩機與諸侯儀仗。群臣拜賀，大王終於露出笑容，苦心能夠得到代價，大王有什麼憂患不能排除啊！

【原典精華】

葛不連蔓𦬼台台，我君心苦命更之，嘗膽不苦甘如飴，令我采葛以作絲，女工織兮不敢遲。弱於羅兮輕霏霏，號絺素兮將獻之。越王悅兮忘罪除，吳王歡兮飛尺書。增封益地賜羽奇，機杖茵褥諸侯儀。群臣拜舞天顏舒，我王何憂能不移！

——《吳越春秋・句踐歸國外傳》

本事41、神木

十萬匹葛絲換來七百里國土與「獨立國格」，句踐覺得划算極了，於是問大夫文種，還有什麼「不羈」之計。「羈」就是拘束，不羈就是「不擇手段」的意思。

文種說：「高飛的鳥死於美食，深泉之魚死於香餌。吳王夫差不是尋常角色，必得提供最超級高檔的『餌』，做出最投其所好的動作，才能收到效果。」

【原典精華】

大夫種曰：「臣聞，高飛之鳥，死於美食；深泉之魚，死於芳餌。今欲伐吳，必前求其所好，參①其所願，然後能得其實②。」

——《吳越春秋．句踐陰謀外傳》

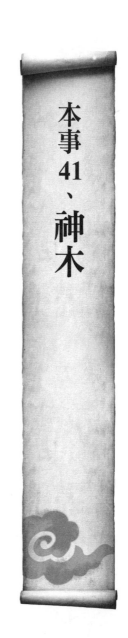

句踐派兵護送神木
獻給夫差

派去吳國的情報人員再度捎回情報：吳王喜歡興建宮室樓臺，徵用民工幾乎沒有停止過。文種因此建議：「大王應該精選『名山神材』，提供吳王興建超級樓台的材料。」於是句踐派出三千名木工，入山尋訪巨木良材。偏偏「神木」都長在深山之中，而三千名木工找了一年，卻沒有適合的巨木良材。伐木團隊個個思歸，怨聲不絕。

直到有一天，一對神木突然出現在眾人眼前，就像是天上掉下來的禮物。這兩株神木粗大到必須二十人合抱，高達「五十尋」！

二十人合抱的神木，還可以想像，但是五十尋高的大樹，卻難以想像（一尋相當八尺，古時一尺約當二十三公分，五十尋相當九十二公尺）。無論如何，找到了一對神木，木質紋理也屬於高貴材質。由越國的工匠加以雕琢整飾，並鑲上白璧與黃金，才獻給吳王夫差。

①參：參照。參其所願：滿足他的慾望。
②實：果實。得其實：有所收穫。

【原典精華】

一夜，天生神木一雙，大二十圍，長五十尋，陽為文梓③，陰為鞭楠④。巧工施校⑤，制以規繩，雕治圓轉，刻削磨礱⑥，分以丹青，錯畫文章⑦，嬰⑧以白璧，鏤以黃金，狀類龍蛇，文彩生光。乃使大夫種獻之於吳王。

——《吳越春秋．句踐陰謀外傳》

這麼兩根巨木良材送到吳國，夫差當然龍心大悅，要用這兩根巨木為柱，建一座高五十尋的樓臺——至此我們明白，句踐為什麼動員三千人、費一年工夫尋找巨木，因為這樣才能讓夫差徵調大量民工，耗費大量財力、物力與時間，建好之後，更需要耗費大量人員與物資去充實、保養。這也是文種所謂的「超級美食、香餌」，而吳王夫差著實難以抵擋神木的誘惑。

吳國群臣自太宰嚭以下，都是吹牛拍馬、看吳王臉色行事的貨色。只有伍子胥看出，這是越王句踐的陰謀，他當然要進諫：「大王請深思：從前夏桀起造『靈臺』，商紂起造『鹿臺』，勞民傷財，影響人民生產，更引來天災，最後人民離心，國家滅亡。大王如果接受這個禮物，將來必遭到越王殺害。」

【原典精華】

子胥諫曰：「王勿受也。昔者桀起靈臺、紂起鹿臺，陰陽不和、寒暑不時，五穀不熟，天與其災⑨，民虛⑩國變⑪，遂取滅亡。大王受之，必為越王所戮。」

——《吳越春秋．句踐陰謀外傳》

③陽為文梓：陽面（朝南一面）是梓木紋理。
④陰為鞭楠：陰面（朝北一面）是楠木紋理。
⑤校：破音字讀「叫」，度量。
⑥礱：音「隆」，磨光。
⑦錯畫文章：畫上錯綜的花紋。
⑧嬰：鑲崁。

諫言大有道理，可是伍子胥又一次將夫差比擬為桀、紂，夫差當然不爽。執意要以這兩根神木為主柱，起造姑蘇之臺。結果花了三年聚集建材，前後花了五年興建完成。上到這座巍峨的樓臺，可以望見二百里外的風景，吳王夫差龍心大悅，認為天下之樂無過於此。但是，服勞役的民工卻拋屍於道旁、哭泣於巷中，怨嘆之聲，不絕於耳。百姓疲困、士人悲苦、民不聊生。

⑨與：給與。天與其災：古人認為天災都是因為國君不仁，所以上天降災。
⑩虛：空虛、匱乏。
⑪變：變故。國變：人民革命。

本事42、西施

神木之計得逞，句踐又問文種：「夫差還喜歡什麼？」

文種說：「夫差淫而好色，太宰嚭更以諂媚言語推波助瀾，使他更加放縱。我們如果送幾位絕世美女去吳國，一定能夠發揮很大作用。」

於是越王句踐派人在國中物色美女，在苧蘿山找到兩名賣薪柴人家的女孩，名叫西施、鄭旦。句踐派專人訓練這兩名美女，給她們穿上絲羅衣裳，教她們打扮與舉止，三年之後，由范蠡帶去吳國，獻給夫差。

范蠡帶著兩名受過訓練的美女間諜去到姑蘇城，晉見吳王夫差，說：「越國有兩名上天賜予的美女，越王句踐不敢將他們留在貧窮的越國。專程派我送來獻給大王，懇請大王收留作為後宮使喚。」

伍子胥一見「又來了」，忍不住要進諫：「大王千萬不可以收留這兩個禍水。要知道，從前夏桀因為輕忽商湯而亡國，商紂因為輕忽周文王而亡國。同時，桀寵愛妺喜，紂寵愛妲己，周幽王寵愛褒姒，都是因女色而亡國的前車之鑑。我聽說，句踐白天勤於政務，晚上徹夜讀書，又聚集了數萬名敢死隊，這個人只要不死，一定會堅持他的報仇願望。請大王明鑑：賢能之士才是國家的寶，美女則是國家的禍，千萬不要接受這兩名禍水。」

【原典精華】

子胥諫曰：「不可，王勿受也。臣聞五色令人目盲，五音令人耳聾。昔桀易①湯而滅，紂易文王而亡。大王受之，後必有殃②。臣聞越王朝書不倦，晦誦竟夜③，且聚敢死之士數萬，是人不死，必得其願。越王服誠行仁，聽諫進賢，是人不死，必成其名。越王夏被毛裘，冬御絺綌④，是人不死，必為對隙⑤。臣聞：賢士，國之寶；美女，國之咎。夏亡以妺喜，殷亡以妲己，周亡以褒姒。」吳王不聽，遂受其女。

——《吳越春秋．句踐陰謀外傳》

伍子胥的諫言有沒有道理？當然有道理。句踐勤學習、聚死士、行仁政、用賢人，本身更刻苦身心（夏天穿毛皮衣服，冬天穿葛布薄衫），他意欲何為？如果伍子胥不是一再將夫差比擬為桀紂的話，夫差仍有可能聽他的。可是他卻再一次拿出桀紂為借鑑，警告「桀輕視湯、紂輕視文王，最後都亡國了」，夫差聽了，心想「我偏不信邪，看會怎樣」，於是接受了西施、鄭旦。

西施天生麗質，外加受了三年專業間諜訓練，所以能在吳王宮中，很快就「三千寵愛在一身」，日漸嬌貴、日漸驕恣。而夫差果然因美色而目盲。他為西施建了一座館娃宮，宮中築了一道「響屧廊」，西施走在上面「錚錚有聲」。為了和西施宴樂，從姑蘇到太湖之間，遍築行宮樓臺，日夜笙歌。

夫差沉迷美色，但西施沒有忘記自己的任務，她在吳宮當間諜十年，終於讓她畫成一張姑蘇城地形與防禦配置地圖。奈何宮禁森嚴，無法將地圖送回越國。

①易：輕忽。
②殃：災禍。
③竟夜：徹夜，整晚。
④御：穿著。絺：音「吃」，綌：音「係」，絺綌：葛布。
⑤對：通「懟」。對隙：冤家，仇家。

施老醫生將紙花紮在藥箱揹帶上，掩人耳目

於是她用上了最擅長的一招「西施捧心」，這一招就是成語「東施效顰」的那一「顰」。看得夫差又心疼又心急，問美人怎麼了？西施說：「老毛病，心口疼。只是要吃我的堂伯施老醫生的藥就可痊癒。」這是西施與范蠡當初就約好的暗語，范蠡一聽就知道「有好消息了」。

夫差十萬火急派人叫越國將施老醫生送到姑蘇。西施原本就是裝病，當然一帖藥即刻見效。西施將地圖反摺成一朵紙花，請施老醫生帶回去送給母親。後來句踐趁吳國內部空虛，攻進姑蘇城，就是這張地圖的功勞。

【原典精華】

唐朝詩人王維有詩為證：

艷色天下重，西施寧⑥久微⑦？

⑥寧：豈會。
⑦微：不顯。

朝為越溪女，暮作吳宮妃。
賤日豈殊眾⑧？貴來方悟稀⑨。
邀人傅香粉⑩，不自著羅衣。
君寵益驕態，君憐無是非。
當時浣紗伴，莫得同車歸。
持謝鄰家子⑪，效顰安可希⑫？

——《唐詩三百首・王維・西施詠》

⑧殊眾：與眾不同。
⑨全句意指「富貴降臨才發現美貌的希罕」。
⑩傅通「敷」，全句意指「敷粉要使喚別人」。
⑪鄰家子：鄰家女。
⑫希：期待。全句意指「東施效顰是無效的」。

本事43、蒸熟的穀種

連續兩個計謀都成功的削弱了吳國的實力，可是，吳國國力依然強盛，於是句踐採納了文種又一計謀。

文種以越王使節身分去到吳國，此行的例行任務是送太宰嚭禮物，專案任務則是向吳王報告：「越國今年風不調、雨不順，米穀歉收，人民飢乏，很多飢民死在路邊。請大王恩准借糧，明年一定加成歸還。」

伍子胥眼見句踐一計得逞又生一計，心中焦急，立刻進言：「大王千萬不可答應借糧給越國，這等於拿自己人民的糧食去養敵寇。我看這文種不是來借糧的，是來探聽我國虛實的。」

夫差說：「寡人以德服人，越王向我稱臣，越國人民就是寡人的子民，豈可坐視人民飢餓而不伸以援手？何況越王為我駕車養馬，諸侯使節都有看到，我怎能還將越國當敵國看待？那樣將會損及我在國際間的聲望。」

伍子胥說：「越王是狼子野心，是仇人，不可以親近的。要知道，老虎不能給以食物，毒蛇不可讓牠恣意。大王如果不聽忠臣之言，而順敵人之意，眼看越國將攻破吳國，姑胥台的花園將成為野豬、野鹿漫遊之地，吳國宮殿將蔓生荊棘灌木，希望大王鄭重考慮採取周武王伐紂的偉大行動。」

【原典精華】

子胥曰：「臣聞狼子①有野心，仇讎之人不可親。夫虎不可餧②以食，蝮蛇不恣③其意。今大王捐④國家之福，以饒⑤無益之讎，棄忠臣之言，而順敵人之欲。臣必見越之破吳，豸⑥鹿游於姑胥之臺，荊榛⑦蔓於宮闕，願王覽⑧武王伐紂之事也。」

——《吳越春秋．句踐陰謀外傳》

這一次，伍子胥用了好幾個動物的比喻：小狼即使由人類豢養，仍然收不了牠的野心，而老虎、蝮蛇（沼澤中的毒蛇）更不能拿來當寵物。野豬、野鹿在吳王的樓臺漫游，是描繪宮殿殘破的景象。比喻用得貼切，應有較好的說服效果，同時他修正了之前的錯誤，這次將夫差比為周武王，將句踐比為紂王。

可是他的發言中，強調自己是「忠臣之言」，等於明指伯嚭是「奸臣」。於是太宰嚭說話了：「周武王不是紂王的臣子嗎？以臣伐君，雖勝不義，況且句踐向大王稱臣，怎麼可以周伐商來比擬吳伐越？相國引喻失義了。」

伯嚭的戰術成功，伍子胥大怒反駁、陷入抬槓：「盜國者封侯，盜金者誅。周武王最後成功了，方得以反過來表揚箕子、比干與商容等殷朝賢臣。」這下子又變成鼓吹「竊

①狼子：幼狼。狼子野心：幼狼雖經人豢養仍有野性。
②餧：音「位」，通「餵」。
③恣：放任。
④捐：棄。
⑤饒：加惠。
⑥豸：應為「豕」之誤。豕：野豬。
⑦荊：荊棘。榛：灌木。
⑧覽：檢視。

國者侯」，要知道，吳國大而越國小，吳伐越怎麼比做武王伐紂呢？這個比喻確實不當。於是伯嚭追擊：「子胥身為人臣，總是要貶抑大王，凸顯自己，大王要明察他的居心。」

子胥終於忍不住，揭太宰嚭的瘡疤：「太宰嚭一直在收受越國賄賂的珠寶和美女，先前慫恿大王釋於石室中的囚犯，現在又主張將糧草資助敵國。大王對越國的決策，就要像幫嬰兒洗澡一樣，即使嬰兒不停啼哭，也不能停止動作。太宰嚭的主張，絕對不可聽信！」

伯嚭說：「鄰國有急難，不辭千里，馳往救援。這是王者（如商湯、周武）封賜亡國後代，五霸濟弱扶傾的作為啊！」

夫差最喜歡聽人說他可以比擬五霸，於是同意借粟（稻穀）一萬石給越國。

隔年秋天，越國收成後，越王句踐下令選擇外觀最漂亮的稻穀一萬石，用大鍋蒸熟之後，由文種押運，送還給吳國。這些穀種是種不出來的，可是包括伍子胥在內也沒人發覺。

吳王夫差看見越國送來的粟種，又大粒又飽滿，下令交給吳國百姓種植！

蒸熟的穀子當然發不出芽來，於是吳國那一年發生了大飢荒。有道是「一年荒，三年窮」，吳國雖然富強，經此一「荒」，國力也大為折損。

本事44、致命敗著

越王句踐的陰謀一一得逞，可是吳王夫差卻自我感覺良好。他早就不把越國放在眼裡，眼光已經移向北方的中原地區。他要完成吳王闔閭的遺志：稱霸諸侯。

夫差的第一個目標指向齊國。當時齊國內政陷入混亂，賢相晏嬰去世，明君齊景公也去世，有勢力的大夫各自擁護諸公子，立一君、廢一君，瀕於內戰邊緣。夫差見有機可乘，決定興師北伐。

齊國大夫高無丕當時是上軍（上中下三軍之一）統帥，他對吳軍統帥說：「齊國如今倉庫空虛、人民離散。原本期待吳國可以大力援助，還沒派人去告急，孰料貴國反而發兵來攻。請允許我國士民跪伏在郊外拜迎，不敢有任何宣戰的言論。但是請吳王明鑑：齊國對吳國並沒有任何不禮貌的行為或言論。」

這番話姿態很低，但直指吳國「師出無名」，這對想要稱霸的夫差來說，是有效的。

因為，稱霸不是單憑武力征服，國際間的聲望很重要，稱霸之前總是得先沽名釣譽一番。更何況夫差的性格缺陷就是婦人之仁，這個缺陷在對越王句踐的處置上，其實已經看見，於是下令停止北伐。

夫差下令吳軍撤回，那邊廂卻急壞了越王句踐。有句名言說：「你的仇敵想要上吊時，你最好趕快遞給他繩子。」句踐奉行了這句名言，率領越國臣僚去吳國朝貢，並且以厚重寶物賄賂太宰嚭，希望太宰嚭進言，鼓勵吳王再次興兵伐齊。

對伯嚭來說，這是一樁「刀切豆腐兩面光」的事情，這邊有寶物可拿，那邊又可以去講吳王最愛聽的話。太宰嚭當然樂意極了，日夜進言，只說伐齊必勝，稱霸指日可待。

伍子胥一看不對勁，越王句踐存心不良，於是急忙進諫：「越國是心腹之病，不趕快除去，反而聽信佞臣（指伯嚭）浮誇之辭去攻打齊國。齊國好比無法下種的磐石之田，距離吳國本土太遠，打贏了也無法長期占領，所以毫無利益。應該先伐越，去除心腹之患，再規畫北伐稱霸。否則將來欲後悔都來不及了。」

【原典精華】

（伍子胥進諫）越在，心腹之病，不前①除其疾，今信浮辭偽詐而貪齊。破齊，譬由磐石之田②，無立其苗也。願王釋齊而前越。不然悔之無期③。

——《吳越春秋．夫差內傳》

伍子胥的道理是通的，可是他的措辭總是倚老賣老，什麼「聽信讒言」，什麼「悔之無及」，都是古今中外所有「少主」最不愛聽的話。所以，夫差根本懶得聽他講，反而派他出使齊國，與對方商量雙方交戰的日期！

這是幹嘛？雖說兩國交戰不斷來使，可是一位前來「宣戰」的特使，怎麼也不會受到

①前：先。
②磐石：大石頭。磐石之田：布滿大石的田地。
③無期：來不及。

歡迎吧！這擺明了是要伍子胥去齊國「難過」的。

伍子胥對他的兒子說：「我多少次勸諫吳王，吳王都不肯聽。眼見吳國就要滅亡了，你跟我一起死，一點意義也沒有。」於是在出使齊國時，將兒子託付給齊國大夫鮑氏，自己回國覆命。

這是伍子胥一貫的價值觀：忠孝節義與殉死是不相連的，此所以當初他不跟哥哥伍尚一起赴死。此刻他仍然決意盡忠吳國，甚至不惜殉死，可是兒子得先有安頓。

太宰嚭見機會來了，豈可不好好把握？對吳王夫差說：「伍子胥莫非心向著齊國嗎？大王得提防著他一點。」夫差說：「寡人明白。」

對吳王夫差來說，在此之前，伍子胥只是「討厭」而已，如今卻有了「不忠」的疑慮。夫差一旦起了疑心，伍子胥與伯嚭的權力鬥爭於是一敗塗地，而自己也正步向死亡深淵。

本事45、子貢穿梭外交

伍子胥去齊國宣戰，才回來，吳國還沒出兵，卻來了一位說客。這位說客是魯國的使節子貢，就是孔子的得意門生那一位。

事情起因於齊國大夫陳成恆想要謀殺國君齊簡公，獨攬大權。可是忌憚齊國另外四個大家族（高、國、鮑、晏）實力仍強。於是想要藉討伐鄰國以掌握兵權，並藉戰功提高自己在國內的聲望地位。他的目標指向鄰近且軟弱的魯國。

魯國國君魯哀公為此憂心，孔子是魯國人，當然也對此感到不安。於是召來弟子，說：「魯國是我的祖國，祖宗的墳墓都在這裡。現在齊國要攻打魯國，你們哪一位願意到各國去遊說一番，解除魯國的危機嗎？」

子路、子張、子石都自告奮勇，孔子卻認為他們都不適合。子貢請求前往，孔子認為他很適合，於是子貢開始穿梭外交。

子貢先去齊國，見陳成恆，對他說：「魯國是個難以攻打的國，你打錯算盤了。」

成恆說：「何以見得？」

子貢說：「魯國的城牆單薄又不高，護城河狹窄且水淺，國君既笨又不仁，大臣個個無能，戰士不愛打仗，不適合對它開戰。我建議閣下去攻打吳國，那個國家的城牆既厚又高，護城河既寬又深，戰士與軍備都很精銳，弓弩強韌、兵器充足，又有能幹的大夫守城，這才是該去攻打的國家。」

成恆氣得臉都變色了，說：「你說的難攻，正是一般認為易攻；你認為易攻的，一般卻認為難攻。你來此故意說反話，是存心來亂的嗎？」

子貢說：「我聽說，閣下曾經有三次將要受封了，結果卻都不成，原因是四大家族反對。如今你想要以打敗魯國來提高自己的地位，但是你又將徒勞無功。為什麼呢？因為，如果齊國打了勝仗，國君將更為驕橫，四大家族將更為囂張。這樣的話，你將無可避免的，上與國君生嫌隙，下與大臣起權力衝突，你的處境將危如累卵。所以我說不如伐吳，吳國兵精糧足，能征慣戰，齊軍大概不是對手，必定敗陣。然後閣下徵用全國士兵，派大臣（四大家族）披上鎧甲出征，人民戰死在境外，巨室的勢力空虛。那時候，閣下在朝沒有強有力的對手，在野沒有百姓反抗，就能孤立國君、控制齊國了，不是嗎？」

孔子派子貢去進行穿梭外交

【原典精華】

子貢曰：「其城薄以卑①，其池②狹以淺，其君愚而不仁，大臣無用，士惡甲兵③，不可與戰。君不若伐吳。夫吳，城厚而崇①，池廣以深，甲堅士選④，器飽弩勁，又使明大夫守之，此易邦⑤也。」

成恆忿然作色，曰：「子之所難，人之所易；子之所易，人之所難，而以教，何也？」

子貢曰：「臣聞君三封而三不成者，大臣有所不聽者也。今君又欲破魯以廣齊，隳⑥魯以自尊，而君功不與焉。是君上驕下恣⑦群臣，而求以成大事⑧，難矣。且夫上驕則犯，臣驕則爭，此君上於王有遽⑨，而下與大臣交爭。如此則君立於齊危於累卵，故曰不如伐吳。且吳王剛猛而毅，能行其令，百姓習於戰守，明於法禁，齊遇為擒⑩必矣。今君悉四境之中，出大臣以環⑪之，人民外死，大臣內空，是君上無彊⑫敵之臣，下無黔首之士，孤主⑬制齊者，君也。」

——《吳越春秋．夫差內傳》

子貢這一番「逆向思考」，陳成恆一時間無法想通，只覺得言之成理。直覺反應的說：「可是我的軍隊已經開到魯國城下了，如果不戰而退，會引起吳國的疑心，該怎麼辦？」

子貢說：「請先按兵不動，讓我去南方遊說吳王，請他發兵救魯，而與齊軍為敵。閣下就可以明正言順與吳國開戰了。」

陳成恆答應子貢，將大軍暫時駐紮在魯國，待等子貢去遊說吳王夫差。

---

①薄以卑：城牆薄且低。崇而厚：城牆高且厚。
②池：護城河。
③惡：厭惡。士惡甲兵：戰士逃避打仗。
④甲堅士選：裝備完善，戰士訓練有素。
⑤易邦：容易攻打的國家。
⑥隳：音「灰」，毀壞。
⑦恣：放縱。
⑧大事：指陳成恆想要「弒君自立」的大事。
⑨遽：嫌隙。
⑩為擒：被打敗。
⑪環：通「擐」（音「換」）。擐甲：穿上鎧甲。
⑫彊：通「強」。
⑬主：國君。孤主：孤立國君。

本事46、一拍兩響

子貢南下，見吳王夫差，說：「我聽說，王天下者不能與世無爭，而稱霸諸侯者不容許敵人坐大。就如千鈞（三十斤為一鈞，千鈞等於三萬斤）之重會因一銖（一兩二十四銖，一斤十六兩，一銖等於千鈞的一千一百五十二萬分之一）而移動重心，國際局勢也會因一個非常微小的變化而失去平衡。如今，擁有萬乘戰車的齊國想要併吞只有千乘的魯國，萬一齊國得逞，就擁有實力與吳國爭勝天下，我私下替大王憂心。事實上，出兵救魯可以為大王博得濟弱扶傾的名聲，討伐齊國可以為吳國帶來絕大利益。保全將亡的魯國、壓制暴虐的齊國、威懾強大的晉國，博得國際聲譽，就在此一舉，大王毋須再有所疑慮了。」

夫差很為子貢這一番話心動，也正好聽聽子貢對越國的看法，於是用伍子胥的論點挑戰子貢：「先生說的很有道理。可是，我們吳國有個世仇越國，雖然曾經將它打敗，當時越王在會稽山投降，還到吳國來當了三年奴僕。寡人沒殺他，放他回去。聽說越王刻苦耐勞、夜以繼日的整治國政，我擔心他會趁機攻擊吳國的後方。先生且等待我先討伐越國，解決後患，然後再依你的建議伐齊救魯。」

子貢說：「不對，不對。越國再強大，也超不過魯國。吳國再強大，也大不過齊國；大王先討伐越國，齊國就可以有時間併吞魯國；那豈不是齊更大、吳更小？況且，害怕小小的越國，又不敢挑戰強大的齊國，稱不上勇者。如果大王真的那麼怕越國，容我向東去見越王，讓他出兵追隨吳國大軍出征。越國軍隊隨大王北伐，大王總可以放心了吧！」

【原典精華】

子貢南見吳王，謂吳王曰：「臣聞之，王者不絕世①，而霸者無彊敵②，千鈞之重，加銖而移。今萬乘之齊，而私③千乘之魯，而與吳爭彊，臣竊為君恐焉。且夫救魯，顯名也；伐齊，大利也，義存亡魯，害暴齊④而威強晉，則王不疑也。」

……

子貢曰：「不可。夫越之彊不過於魯，吳之彊不過於齊，主⑤以伐越而不聽臣，齊亦已私魯矣。且畏小越而惡彊齊，不勇也；見小利而忘大害，不智也。臣聞仁人不因居⑥，以廣其德；智者不棄時⑦，以舉其功；王者不絕世，以立其義。且夫畏越如此，臣誠東見越王，使出師以從下吏⑧。」吳王大悅。

——《吳越春秋．夫差內傳》

子貢的邏輯有漏洞：既然「霸者無彊敵」，那麼就不應該讓越國坐大。可是吳王夫差心裡想的是稱霸中原，當然很高興聽到子貢說他是「王者、霸者」，當場一拍兩響，於是立即答應子貢。而子貢對「遊說越王」心裡也很篤定，因為他曉得，越王最希望的就是吳國北伐，而最怕吳國南伐，萬無不答應之理。

①絕世：拒絕世俗，意指與世無爭。
②無：不可。無彊敵：不可讓敵人坐大。
③私：占為己有。
④害：損。害暴齊：壓制殘暴的齊國。
⑤主：指吳王夫差。
⑥因居：依考據，應該是「困厄」的誤植。仁人不困厄：仁者不會使人陷於困厄，以遊說吳王救魯。
⑦棄時：放棄大好時機。
⑧以從下吏：隨同北伐，充當下屬。

本事47、一拍三響

越王句踐聽說子貢要來，派人清掃道路，親自到郊外迎接，甚至親自為子貢駕車，送他到賓館。

子貢面對越王如此盛情，臉上卻流露出哀戚之色。句踐問：「越國地處偏僻，又是蠻夷之民，大夫為何不嫌棄而來訪？卻又為何面有戚容？」（子貢雖然在魯國並無官職，但是句踐刻意討好他，所以稱他「大夫」。）

子貢說：「此來是為了哀悼國君您呀！」

句踐下跪並向子貢叩首拜了兩拜，說：「寡人聽說，禍與福乃是鄰居，如今大夫來弔，是寡人的福氣。豈敢不聽教誨？」

子貢說：「我這次南行，先去見了吳王，勸他救魯伐齊，可是吳王對越國有疑慮，不敢發兵北伐。我此來的重點，是要提醒國君：沒有報復他人之心，卻讓他人懷疑，是笨拙的；有報復他人之意，卻讓人知道，是不安全的；事情還沒發動，卻已傳揚開來，就更危險了。以上三點，是舉事的大忌啊！」

【原典精華】

子貢曰：「臣今者見吳王，告以救魯而伐齊，其心畏越。且夫無報人之志而使人疑之，拙也；有報人之意而使人知之，殆也；事未發而聞之者，危也。三者，舉事之大忌也。」

——《吳越春秋．夫差內傳》

句踐再拜（連續拜兩次，古人以示鄭重），說：「寡人已經忍受過超乎想像的屈辱，如今大夫前來，金口玉言以開導我，真是上天的恩賜。敬請給予更多的指教。」

子貢說：「如今吳王志在伐齊攻晉、逐鹿中原。國君您應該捨得將越國的寶物送給他，應該以卑微的言辭對他表示恭敬，讓他完全消除後顧之慮。一旦吳國北上伐齊，齊國必定應戰。若吳國戰敗，那是你的福氣。若吳國戰勝，吳王志在中原，所以應該不會回師南向，而會移師朝向晉國。吳國的騎兵、銳卒、重金、寶物、車馬、旌旗都在齊、晉消耗殆盡，國君你的機會才會出現。」

越王句踐這才吐露心底的話：「我的國家被吳國殘害，我的百姓被吳國歧視，我的宗廟被吳國夷平。我自己去當吳王的奴僕，旦夕處在危險之中，人為刀俎，我為魚肉。我對吳王的恨，深入骨髓，但是我事奉他卻如兒子敬畏父親，這是我內心最沉痛的真話。

「如今大夫誠意指點我，我才敢向你報告實情：寡人床上只用單層蓆子（周禮：天子五層、諸侯三層、大夫二層）、口不嘗美味、耳不聽音樂，這種日子已經過了三年。唇焦舌苦、勞累筋骨，對大夫們禮遇，對百姓愛護。為的就是有那麼一天，可以在戰場上與吳國決一生死，即使肝腦塗地，我也心甘情願。」

【原典精華】

昔者吳王分其民之眾以殘吾國，殺敗吾民，鄙吾百姓，夷①吾宗廟，國為墟棘②，身為魚鱉③。孤之怨吳，深於骨髓，而孤之事吳，如子之畏父，弟之敬兄。此孤之死言也。

今大夫有賜，故孤敢以報情④：孤身不安重席，口不嘗厚味，目不視美色，耳不聽雅音⑤，既已三年矣；焦脣乾舌，苦身勞力，上事群臣，下養百姓；願一與吳交戰於天下平原之野。正⑥身臂而奮吳越之士，繼踵連死，肝腦塗地者，孤之願也。思之三年，不可得也。

——《吳越春秋．夫差內傳》

句踐繼續說：「如今，我計算國力仍不足以打敗吳國。可是為了報亡國之仇，要我再次離開王位、辭別群臣、改變容貌、更換姓名，去吳國擔任奴僕、養馬駕車，我都願意幹。請先生教導我該怎麼做。」做出惶恐的姿態，避席以示對子貢的恭敬。

子貢說：「我觀察吳王夫差，好大喜功，士兵不得休息，大夫不敢說逆耳之言。伍子胥雖然公忠體國，但是他個性剛烈，雖然犧牲性命也不聽勸告，終將惹禍上身。太宰嚭的為人，看起來聰明其實愚笨，看起來堅強其實軟弱，他慣於以花言巧語來進納自己，善於以詭詐服事國君，只顧眼前利益，而不知事發後果，是一個殘國傷君的佞臣。」

越王句踐看出，子貢將是他復仇之路上的一位貴人，刻意籠絡，致贈黃金百鎰、寶劍一把、良馬二匹。子貢一概謝絕不受。

子貢這一次穿梭外交堪稱戰國時代縱橫家的先驅與典範。然而，他與縱橫家不同，他不是為了功名富貴，而是為了保全魯國。如今齊國陳成恆、吳王夫差、越王句踐都願配合，一拍三響，他的任務已經接近完成。

---

①夷：平。宗廟被削為平地，意指國家滅亡。
②墟棘：長滿荊棘的廢墟。
③魚鱉：據考證，此處落字，應為「魚鱉餌」。
④情：真心話。
⑤雅音：雅樂，只有貴族才得以聽到，由樂隊演奏。
⑥正：整。正身臂：整裝上陣。

本事48、夫差上鉤

子貢再回到吳國，對吳王夫差說：「我去跟越王談過了，越王非常惶恐的表示：他只是個亡國之君，承蒙大王不殺之恩，才得以繼續國家的祭祀。他至死都不敢忘記大王的恩典，怎麼可能有任何不軌的想法。看他的神態，的確誠惶誠恐，而且他很快就會派使者來表達忠誠。」

子貢在賓館住了五天，果然越國使臣大夫文種來到了吳國，向吳王報告：

「東海邊的臣僕句踐，派使者文種前來充當下吏，向大王的左右提出卑微的報告：不幸的我，年少就失去了父親，後來又不自量力，得罪了上國，以致戰敗，逃到會稽山上。幸得大王不殺之恩，得以再奉宗廟祭祀，此恩至今不敢忘。如今聽說大王要發動義師，濟弱扶傾，壓制暴虐的齊國，以安定周天子地位。所以，我從倉庫裡找出先王庫藏的二十件鎧甲，以及屈盧之矛、步光之劍（都是名匠作品，也就是子貢所說的『越國傳國寶器』），供大王的將領使用。越國雖然國小人少，只要大王一聲令下，立即徵調全國壯丁，湊足三千人部隊，由下吏句踐率領，為吳國軍隊上陣衝鋒。若蒙允許，君臣死而無憾！」

夫差聽了，龍心大悅，召見子貢說：「越國的使者果然來了，而且派來三千士卒，連他們的國君都要追隨寡人一同伐齊，先生覺得如何？」

子貢說：「我看不太妥當。將別人的國家淘空，又徵調他全國軍隊，還要他國君隨軍出征，這樣的國際形象不太好。我建議，收下物資，接受軍隊，國君就不必來了。」吳王同意。

吳王夫差上鉤了，子貢乃告辭。但是他並非回去魯國，而是去了晉國。

晉國是當時的中原諸侯盟主，子貢對晉定公說：「我聽說，事件發生之前，若不預先擬定對策，就不能應付突發的狀況。軍隊若不時時備戰，就不能克敵制勝。如今吳國與齊國將要開戰，要是吳國不能取勝，越國一定會趁機作亂，國君可以無憂。但若是吳軍勝了，很可能會挾戰勝的餘威，將矛頭指向晉國，國君將怎麼對付？」

定公說：「依你的看法呢？」

子貢說：「整頓武器，埋伏軍隊，等待他到來。」

晉定公同意了，子貢回到魯國。

本事49、怪夢

夫差動員了九個郡的兵力，積極準備伐齊。有一天，他在姑蘇臺上假寐，做了一個夢：夢見自己進入章明宮，看見兩口鬲（音「利」，銅製炊具）架在那裡，好像在蒸飯，但下面卻沒有生火；又看見兩隻狗，一隻朝南嚎叫，一隻朝北嚎叫；又有兩把刀插在宮牆上；又有一股激流嘩啦啦淌過宮室；後房則聽到類似鍛工拉風箱的聲音；前面園中卻生了一棵橫著長的梧桐樹。

醒來，心中有一股不安的感覺，將太宰嚭找來，要他占一下這個夢。

太宰嚭說：「這真是個好兆頭啊：章明宮的章是仁德遠揚、明是得勝後威震天下，預兆大王將會得勝，而且揚威中原。兩口鬲蒸飯不必生火，是因為大王聖德之氣充盈。兩隻黑狗分嚎南北，象徵四方來歸。兩把刀插在牆上象徵農夫致力生產。激流淌過宮室，是鄰國進貢，財物充裕。後房的聲音象徵後宮琴瑟和鳴。前園橫生梧桐樹，是樂府的鼓聲。」

呼呼~
呼呼~
章明宮
吳王夫差
做了一個怪夢

【原典精華】

太宰嚭曰：「美哉！王之興師伐齊也。臣聞：章者，德鏘鏘①也；明者，破敵聲聞，功朗明②也。兩鬲蒸而不吹③者，大王聖德，氣有餘也。兩黑犬嗥④以南、嗥以北者，四夷已服，朝諸侯也。兩鋘⑤殖宮牆者，農夫就成，田夫耕也。湯湯⑥越宮堂者，鄰國貢獻，財有餘也。後房篋篋⑦鼓震有鍛工者，宮女悅樂，琴瑟和也。前園橫生梧桐者，樂府鼓聲也。」

——《吳越春秋．夫差內傳》

這種解釋，任誰聽了都會覺得是胡扯，吳王夫差雖然愛聽順耳的話，但是心裡也明白伯嚭是胡扯。於是找來另一位大夫王孫駱，請他解夢。王孫駱說：「我的道行不夠，無法為大王解夢。東掖門的亭長公孫聖學問淵博，見多識廣，可以召見他詢問。」

夫差命王孫駱去找公孫聖，公孫聖聽完王孫駱描述的夢境，當場伏在地上哭泣，許久才起身。

公孫聖的妻子一旁數落他：「你有沒有出息呀！好不容易大王召見，瞧你哭成這副德性！」

公孫聖說：「妳不明白，今天日在壬午，時辰又是午時，殺氣瀰漫。我的性命將歸屬上天，無法逃避。我不是哀傷自己，而是為吳王傷心。」

妻子說：「該說的，就對君王直說，不須懷憂喪志，徒亂人意。」

公孫聖說：「妳這真是愚蠢的婦人之見。我修道十年，一直隱匿自己，想要遠離禍害，企圖延續壽命。沒想到會來這麼一個召見。我肯定活不久了，也為將與妳永別而悲傷！」

公孫聖隨王孫駱到了姑蘇臺，吳王描述了夢境，要公孫聖解夢。公孫聖叩頭陳情：「我如果不說，可以保全性命；如果照實說，必遭碎屍萬段。但是做為一個忠臣，不能顧惜自己的軀體。」

---

①鏘：音「槍」。德鏘鏘：德行高揚，聲名遠播。
②朗明：顯赫。
③吹：應為「炊」字之誤植。
④嗥：音「豪」，獸叫聲。
⑤鋙：音「吾」。昆吾山出產的紅銅所鑄之刀。
⑥湯湯：音「商商」，大水聲。
⑦篋篋：音「竊竊」，風箱拉動發出的聲音。

於是仰天長歎，開始解夢：「『章』的意思是戰敗而倉皇逃走，『明』的意思是離開光明走向黑暗，鬲蒸飯而不生火是吃不到熟食，黑狗分朝南北嚎叫是南北兩面都遇到不利。昆吾之刀插在牆上是越國入侵，流水過宮室是宮內被洗劫，後房的風聲是哀嘆之聲，橫生的梧桐無可取材，只能做成木俑陪葬。請大王停止出兵，並且與越國修好，或許可以消弭這場災禍。」

【原典精華】

公孫聖曰：「臣不言，身名全，言之必死百段於王前。然忠臣不顧其軀。」乃仰天歎曰：「臣聞：章者，戰不勝，敗走傽偟⑧也。明者，去昭昭，就冥冥⑨也。入門見鬲蒸而不炊者，大王不得火食也。兩黑犬嗥以南、嗥以北者，黑者，陰也，北者，匿也。兩鋘殖宮牆者，越軍入吳國，伐宗廟，掘社稷也。流水湯湯越宮堂者，宮空虛也。後房鼓震篋篋者，坐太息也。前園橫生梧桐者，梧桐心空不為用器，但為盲僮⑩，與死人俱葬也。願大王按兵⑪修德，無伐於齊，則可銷⑫也。」

吳王聽完，先是一陣沮喪，旋即暴發怒火，說：「我是上天的兒子，神的使者，怎麼可能失敗？」當場下令身旁扈駕的力士，用鐵槌擊死公孫聖。公孫聖臨死請求：「請將我的屍體埋到深山，死後藉著萬籟發出聲響，表彰一位不願默然偷生的士人。」

吳王吩咐將他的屍體拋到山中，說：「讓豺狼吃你的肉，野火燒你的骨。東風吹來，將你的殘骸刮走。」

太宰嚭見吳王盛怒未消，急忙進言：「恭喜大王，災禍已然消除。請就此舉杯行酒，大軍可以出發了。」吳王於是任命太宰嚭為右軍司馬，王孫駱為左軍司馬，越國的三千軍隊也一同出發。

---

⑧ 倖偟：同「張惶」。
⑨ 冥冥：黑暗。
⑩ 盲僮：陪葬的人形俑。
⑪ 按兵：停止征戰。
⑫ 銷：消災。

本事50、最後忠言

大軍出發已經箭在弦上，伍子胥還不死心，大聲的再做一次「烏鴉」：「大軍出動遠征千里，勞民傷財且危及國家根本。大王不念及軍民的生命，只為了爭一時的勝利，我認為這是危害國家最嚴重的一件事了。

「更危險的，是與仇敵（指越王句踐派來的三千人馬）一同作戰，而不察覺這中間隱藏的禍患。甚至還要去招惹更多的仇敵，肖想征服他國。這好比只治療疥瘡，而忽視心腹之疾病。疥瘡只是皮膚病，不足為患；心腹之疾萬一發作，可是沒救的呀！

「如今齊國遠在千里之外，遠征軍還得借道楚國與趙國，所以齊國只是疥瘡而已。反觀越國，近在咫尺，正是吳國的心腹之疾，即使不發作也會有傷害，一旦發作，立即就有生命危險。」

伍子胥情急之下，老淚縱橫：「臣已經年老力衰，耳不聰、目不明，腦筋也不夠清楚了。可是我對吳國的耿耿孤忠，卻不由得我不講這一番逆耳忠言。」

【原典精華】

伍子胥聞之，諫曰：「臣聞興十萬之衆①，奉②師千里，百姓之費，國家之出，日數千金。不念士民之死，而爭一日之勝，臣以為危國亡身之甚。且與賊居③不知其禍，外復求怨，徼幸他國，猶治救瘑疥④而棄心腹之疾，發⑤當死矣。瘑疥，皮膚之疾，不足患也。今齊陵遲⑥千里之外，更歷⑦楚趙之界，齊為疾其疥耳；越之為病，乃心腹也。不發則傷，動⑧則有死，願大王定越而後圖齊。臣今年老，耳目不聰，以狂惑之心，無能益國。臣之言決矣，敢不盡忠？」

——《吳越春秋．夫差內傳》

但是，吳王夫差這時候怎麼還有可能聽得進去？

大軍依計畫開拔。夫差親自送行到姑蘇城郊，回到城裡，叫來大夫被離，問：「你平常跟子胥觀念、主張都比較相近，你說，伍子胥為什麼始終要反對我伐齊？」

被離說：「子胥只是秉持他對先王（闔閭）的忠誠而已。他自己私下也認為，他老了，頭腦不清、耳目不聰，跟不上時代了，對國家沒貢獻了。」

吳軍北伐出奇順利，齊軍一接戰就潰不成軍。當然那是因為陳成恆聽了子貢的話，求敗而不求勝。子貢立即前往吳軍大營，向行軍司馬伯嚭提出：「太宰打了勝仗，可喜可賀。可惜吳王不是御駕親征，否則一鼓作氣就可以通知晉侯前來會盟，就此稱霸中原了。」

伯嚭立時領悟：最大的功勞要留給夫差。所以主動派出使節去問齊王「咱們兩國簽和約好不好？」齊王正為戰敗而懷憂喪志，哪會說不好，兩國簽了和約，吳軍班師凱旋。

①眾：軍隊。
②奉：供應。
③賦：指越軍。居：一同（作戰）。
④痼：音「郭」。痼疥：疥瘡。
⑤發：疾患發作。
⑥陵遲：遙遠。
⑦歷：經過。
⑧動：發作。

本事51、子胥歸天

吳軍高奏凱歌回到姑蘇城，夫差對伍子胥既炫耀又嘲諷又責備：「當年先王為了你，與強大的楚國結仇，雖然吳國強大起來，你的功勞也不小，可是你老人家年老糊塗卻不安分守己，老是唱衰吳國。幸好老天有眼，齊國敗了。本王也不敢居功，實在是先王和神靈庇祐，可是老將軍你又有什麼貢獻呢？」

夫差的心態，正是古今所有「少主」打贏第一仗的心態。

伍子胥的老脾氣給激起來了，捲起衣袖，解下佩劍，對夫差嗆聲：「先王特准我可以不上朝，為的就是讓我不受繁瑣的行政事務干擾，可以思考國家大計，在關鍵事情上面，提出避免國家陷入危險的意見。大王如果覺悟，越國才是吳國的心腹之患，那麼，吳國將得保平安；若不能覺悟，吳國只怕不長命了。我伍員不忍心告老退休，活得太久，卻眼見大王成為俘虜。但願能早點死掉，請將我的眼睛掛在城門之上，看著越軍進城。」

夫差還沒想要殺伍子胥，可是實在很光火，就想了一招，羞辱伍子胥一番。

吳王在文臺之上擺宴慶功，群臣通通到齊，伍子胥也在。但是，群臣中坐首席的卻是太宰嚭，甚至越王句踐也在座。吳王在席上宣布：封給太宰嚭最高等級的爵位，並且增加越王句踐的土地——太宰嚭的地位凌駕伍子胥之上，又增加了「心腹之疾」的土地，等於呼了伍子胥兩個巴掌！

群臣一致恭賀：「大王名號顯著，威震四海……。」

伍子胥跪在地上泣訴：「嗚乎哀哉！忠臣從此掩口，讒臣從此得志，吳國將滅，宗廟將毀，城郭成廢墟，宮殿生荊棘。」

夫差終於忍不住，破口大罵：「你這老賊詐謀多端，真是吳國的妖孽。看在先王面子上，寡人不殺你，你自己退下去閉門思過，不許再唱衰吳國。」

伍子胥卻還不肯住嘴：「從前夏桀殺關龍逢＊，商紂殺比干＊＊，如今大王殺我，和桀紂沒啥兩樣。大王你好自為之吧，我辭官不幹了。」

伍子胥回到家裡，被離趕過去勸他。伍子胥說：「我死不足惜，我擔心禍將及於你。」

被離勸伍子胥出國逃亡，子胥說：「我這把年紀了，還逃到哪裡去？」

夫差聽說子胥回家還發怨言，就派人送了一把「屬鏤」（音「主陋」）寶劍給伍子胥，伍子胥拿著寶劍去到吳王宮庭，仰天呼怨，對夫差說：「我為你父親建立霸業，甚至為你爭取到太子之位，吳國能有今天，你能有今天，還不全都是我的功勞？如今卻賜我死，天理何在？我死不打緊，將來吳國宮殿成為廢墟，庭院生滿蔓草，越國將你的社稷宗廟夷平，那時候你才會想到我的忠言。」

夫差說：「你哪是吳國的忠臣？為什麼將兒子託付給齊國大夫？」伍子胥這才醒悟，他犯了致命的錯誤，於是用屬鏤劍自殺而死。

伍子胥死了，可是夫差想到之前伍子胥說的「將我的頭懸掛在姑蘇城南門之上，讓我親眼看見越軍進城」。乃下令，將伍子胥的頭砍下來，掛在城樓上，對它說：「日月烤你的肉，疾風吹你的眼，火光燒你的骨，魚鱉吃你的肉。你的形體和骨頭都化為灰燼，還能看到什麼嗎？」同時將無頭屍身裝在皮革製的袋子裡，投入江中。

伍子胥的屍體就隨著江水潮起潮落，衝激著江岸。傳說，伍子胥死後成為江神，因為認定越王句踐是仇人，所以每逢月圓之夜，就在錢塘江上鼓動潮水，因此錢塘潮又名「子胥潮」。

*桀殺關龍逢：夏代亡國之君桀，將直諫之臣關龍逢囚禁，後來殺死。

＊＊紂殺比干：商朝亡國之君紂王，將自己的叔父比干剖心而死。

【原典精華】

伍子胥攘臂①大怒，釋劍而對曰：「昔吾前王有不庭之臣②，以能遂疑計③，不陷於大難。今王播棄④，所患外不憂⑤，此孤僮⑥之謀，非霸王之事。天所未棄，必趨其小喜，而近其大憂。王若覺寤，吳國世世存焉；若不覺寤，吳國之命斯促⑦矣。員誠前死，掛吾目於門，以觀吳國之喪。」

……

吳王乃取子胥屍，盛以鴟夷⑧之器，投之於江中，言曰：「胥汝一死之後，何能有知？」即斷其頭，置高樓上，謂之曰：「日月炙汝肉，飄風飄汝眼，炎光燒汝骨，魚鱉食汝肉。汝骨變形灰，有何所見？」乃棄其軀，投之江中。子胥因隨流揚波，依潮來往，蕩激崩岸。

——《吳越春秋．夫差內傳》

伍子胥死後成為江神，
每逢月圓之夜，鼓起錢塘潮

①攘臂：捋起袖子，舉起手臂。
②庭：朝會。不庭之臣：禮遇年老功高的大臣，免其上朝義務。
③遂疑計：決斷疑難問題。
④播棄：拋棄。
⑤所患外不憂：不憂外患。
⑥僮：通「童」。孤僮之謀：猶言「兒戲」。
⑦促：短。
⑧鴟：音「吃」，鳥名。鴟夷：一種皮製口袋，形狀像鴟鳥。

本事52、螳螂捕蟬，黃雀在後

伍子胥死了以後，夫差不再有「烏鴉」在耳邊聒噪，於是能放手施為——其實是一步一步走向「擴張過速」。

為了爭霸中原，吳國開鑿一條運河，連通長江、淮水、沂水、濟水，這是後來「大運河」的最南一段：邗溝（「邗」音「寒」）。

開鑿運河當然是為了北伐，目標指向齊國。齊國大夫鮑氏弒齊悼公，更給了吳王夫差很好的理由攻齊：為悼公復仇、助齊國平亂。夫差還有一個不能說出來的理由：伍子胥的兒子就在鮑氏的保護之下，幫助齊侯剿滅鮑氏，順便斬草除根。

夫差派出使節，聯合魯國、晉國討伐齊國。同時對國內下令：「寡人要攻打齊國，哪個敢進諫，殺無赦！」連伍子胥都被賜死了，吳國大夫誰還敢進諫？更何況還有一個當權的太宰嚭，隨時在「搜索」異己。

螳螂捕蟬，
黃雀在後

除非是關係比太宰嚭更親近夫差的人。

有一天，太子友（吳國姓姬，太子全名「姬友」）出現在後花園中，衣服、鞋子都濕了，以此引起父王注意。

夫差問兒子：「你為什麼衣服、鞋子都濕了，狼狽如此？」

太子友說：「剛才在後花園遊玩，聽到蟬鳴聲，走到樹下觀看。看到一隻秋蟬，停在高枝之上，飲著清新的露水，隨著樹枝擺盪，高聲鳴叫，自以為很安全。卻不知道有一隻螳螂正沿著樹枝悄悄靠近，拖曳著身體，舉起牠的利鋸，想要撲擊秋蟬。

「那隻螳螂屏息而進，一心以為將要得手。卻不曉得有一隻黃雀從樹梢飛來，藉著樹影掩護，輕巧的逼近，想要啄食螳螂。

「可是，黃雀只知道美食當前，不曉得我正拿著彈弓，向上瞄準了牠，彈丸就要發射。

「可笑的是，我只顧著想要用彈弓射黃雀，卻沒注意腳邊一個坑洞，於是跌到了水坑中，衣服鞋子都濕了，遭到大王取笑。」

夫差說：「天下之事，沒有比這個更可笑的了。只顧及眼前利益，不看到身後禍患。」

太子友抓住機會進言：「天底下還有更可笑的。魯國是周公後代，又有孔子的教化，從來沒想要侵略鄰國。可是齊國卻舉兵侵略魯國，而不知吳國正發動全國軍隊，耗盡國庫錢糧，跋涉千里要去攻打齊國。而吳國只知踰越國境去攻打齊國，卻不知越王將要挑選死士，出三江（越國境內的松江、錢塘江、浦陽江）、入五湖（吳國境內，以太湖為中心，五湖相連），荼毒吳國境內。天下之事，沒有比這個更危險的了。」

【原典精華】

清旦①，懷丸持彈②從後園而來，衣袷履濡③。

王怪而問之，曰：「子何為袷衣濡履，體如斯也？」

太子友曰：「適游後園，聞秋蜩④之聲，往而觀之。夫秋蟬登高樹，飲清露，隨風撝撓⑤，長吟悲鳴，自以為安，不知螳螂超枝緣條，曳腰聳距⑥而稷其形⑦。夫螳螂翕心⑧而進，志在有利，不知黃雀盈綠枝⑨，徘徊枝陰，踙躍微進，欲啄螳螂。夫黃雀但知伺螳螂之有味，不知臣挾彈危擲⑩，蹭蹬⑪飛丸而集其背。今臣但虛心志在黃雀，不知空埳⑫其旁，闇忽⑬埳中，陷於深井。臣故袷體濡履，幾為大王取笑。」

王曰：「天下之愚，莫過於斯；但貪前利，不睹後患。」

太子曰：「天下之愚，復有甚者。魯承周公之末，有孔子之教，守仁抱德，無欲於鄰國，而齊舉兵伐之，不愛民命，惟有所獲。夫齊徒舉而伐魯，不知吳悉⑭境內之士，盡府庫之財，暴師⑮千里而攻之。夫吳徒知踰境征伐非吾之國，不知越王將選死士出三江之口，入五湖之中，屠我吳國，滅我吳宮。天下之危，莫過於斯也！」

——《吳越春秋．夫差內傳》

①旦：早晨。清旦：清晨。
②懷丸持彈：懷裡揣著彈丸，手裡拿著彈弓。
③袷：音「夾」。袷、濡，都是沾濕的意思。
④蜩：音「條」，鳴聲悠長的蟬。
⑤撝：音「揮」，擺動。隨風揮撓：停在樹枝上，隨風搖曳。
⑥距：螳螂前面那兩根鋸子形狀的爪。
⑦稷：讀音「側」，稷其形：側著身子。
⑧翕：音「係」，收斂、閉合。翕心：屏息。
⑨盈：居上。盈緣枝：高居樹梢。
⑩危擲：向上飛擲（彈弓向上彈射）。
⑪蹭蹬：用讀音模擬彈丸發射的聲音。
⑫埳：地面凹陷。
⑬闇：音「安」。闇忽：倏忽。
⑭悉：盡。
⑮暴：破音字讀「曝」。暴師：行軍跋涉，暴露在烈日、風雨之下。

吳王夫差這才警覺，自己以為剛好可以給兒子一個機會教育，反而被兒子藉機諷諫。惱羞成怒之下，完全不思考太子友的用心，全軍動員，北上伐齊。

越王句踐掌握情報，派范蠡、洩庸領軍自海上入長江，截斷吳軍後路。自己領陸軍攻向吳國，打敗留守國內的吳軍，太子友被俘。句踐進入姑蘇城，燒了吳王闔閭建的姑胥臺，將吳王乘坐的大船擄回越國。

本事53、黃池

吳王夫差親率北伐大軍，在艾陵（今山東省境內）將齊軍殺得大敗。乃挾勝利餘威，移師進逼晉國。晉定公不甘示弱，出動軍隊，約吳王在黃池會盟。雙方爭當盟主，尚未分出高下，吳國後方傳來警報：「越王句踐的軍隊攻入吳國，太子友被俘，姑蘇城陷落！」吳王夫差正在與晉國爭盟主之位，不願後方的危機消息外洩，於是殺使者滅口——後方告急不斷，夫差則毫不手軟，一連殺了七名使者！

夫差召集諸大夫商量對策，決定該進（爭盟主），還是該退（回國救難）。王孫駱主張：「此時此地，只能進，不能退，先爭到盟主再說。請大王下令，進者重賞、退者重罰，讓軍士們奮勇向前。」

於是吳軍在黃昏時吃飽飯、餵飽戰馬，然後「勒馬銜枚」（人、馬口中都咬東西，不得出聲）趁夜急行軍。三萬六千人大軍急行軍，一夜之間抵達距離晉軍陣營一里之處。

夫差擔心洩密，
一連殺了七名使者

天還沒亮，吳王夫差親自擂鼓，三軍高聲譁叫，聲勢驚天動地。晉軍急忙備戰，但見吳軍：中軍一律白色，衣裳、鎧甲、箭羽乃至頭盔上的麾飾全白；左軍一律紅色；右軍一律黑色。軍容壯盛，震懾住了晉軍。

【原典精華】

夫差昏秣馬食士①，服兵被甲，勒馬銜枚，出火於造②，闇行③而進。吳師皆文犀長盾④，扁諸之劍⑤，方陣而行。中校之軍皆白裳、白髦⑥、素甲、素羽之矰⑦，望之若荼⑧，王親秉鉞，戴旗以陣而立。左軍皆赤裳、赤髦、丹甲、朱羽之矰，望之若

①秣馬食士：人馬都吃飽。
②造：通「灶」。出火於造：由灶中取火點燃火把。
③闇行：夜行軍。
④文：通「紋」。文犀長盾：繪上花紋的犀牛皮長盾牌。
⑤扁諸之劍：干將取五金之英鑄成「干將、莫邪」二劍之後，剩餘的原料鑄成三千把劍，稱為扁諸之劍。
⑥髦：通「旄」，旗幟。
⑦矰：音「增」，短箭。

> 火。右軍皆玄裳、玄輿、黑甲、烏羽之矰，望之如墨。帶甲三萬六千，雞鳴而定。陣去晉軍一里。天尚未明，王乃親鳴金鼓，三軍譁吟，以振其旅，其聲動天徙地。
>
> ——《吳越春秋．夫差內傳》

晉國執政大夫趙鞅派大夫童褐去到吳軍，見了夫差，問：「兩國原本是盟友，如今吳軍如此大張旗鼓，意欲何為？」

夫差說：「周王室式微，我們（吳、魯、晉）都是姬姓諸侯，理當扶持王室。可是，這些年來，王室都依靠晉國，晉國卻不能討伐蠻夷，被諸侯見笑（蠻夷指的是楚國，吳國在闔閭時攻入郢都）。這件事（盟主）今天必須有個了斷，麻煩閣下再跑一趟，寡人靜候回音。」

童褐回報趙鞅說：「我觀察吳王的神色，似乎有重大憂慮。小則皇后、太子死亡，或發生天災；大則越人入侵，歸路被切斷。他急著要決戰，不惜拚命，這種狀況不宜輕易與他開戰。」

於是趙鞅向晉定公建議：「姬姓諸國之中，吳國排行最長（當初吳太伯讓位給季歷），理當讓他排前面，這說得過去。」

【原典精華】

（童褐）乃告趙鞅曰：「臣觀吳王之色，類⑨有大憂，小則嬖妾⑩、嫡子死，否則吳國有難；大則越人入，不得還也。其意有愁毒之憂，進退輕難⑪，不可與戰。主君宜許之以前⑫，期無以爭行⑬而危國也。然不可徒許，必明其信。」

——《吳越春秋‧夫差內傳》

⑧荼：芒花。望之如荼：望去一大片白色，如滿山芒花。
⑨類：像是。
⑩嬖妾：寵妾。
⑪輕難：輕言赴難，敢於拚命。
⑫許之以前：同意對方領銜。
⑬爭行：爭排名。

於是吳、晉、魯三國會盟，吳國稱「公」排前面，晉國稱「侯」排第二，完成「黃池大會」。夫差如願稱霸中原，也達到了他個人的事業巔峰，但這卻是吳國崩盤的開始。吳國大軍班師回國，卻得面對殘破的國家。

本事54、必勝之道

吳王夫差自從黃池歸來，自覺一生事業已經達到顛峰，已經不再有更高目標可以追求。雖然上次被句踐偷襲，甚至太子也戰死，可是夫差始終提不起勁向越國報復。

但是，另外一方卻不是這樣。越王句踐息兵回國以後，仍然秣馬厲兵，等待時機成熟，一等就等了七年。終於，句踐認為己方已有十成勝算，乃動員全國軍隊，要與吳王夫差做一個最終了斷。

越王句踐已經完成動員，剛好楚國使節來訪，這位使節正是當年到秦國哭求救兵的申包胥。這位仁兄是仇視吳國的人士，所以句踐特別向他請教：「吳國可以攻打嗎？」

申包胥說：「吳國是一個強大的國家，在諸侯中赫赫有名，敢問君王憑什麼攻打吳國？」

句踐：「寡人飲食不求極致美味，聽音樂也不盡其樂，酒肉都一定分給左右。越國的臣民上下一心，要向吳國報仇，這可以成為伐吳的本錢了吧。」

申包胥：「是很好，但尚不足以戰勝吳國。」

句踐：「越國人民家中的孩子，我都當做自己的孩子愛他、養他。同時寬減刑罰，人民想要的，給他；人民厭惡的，務必除去。人民支持我雪恥報仇，這應該是伐吳的一大動力。」

申包胥：「這也很好，但仍不足以戰勝吳國。」

句踐：「越國人民，富有的讓他安定，貧窮的給予接濟，努力縮減貧富差距，且使貧富都不損失利益。這是全國團結伐吳的最大支撐。」

申包胥：「真是很好啊！但仍不足以戰。」

句踐：「南邊的楚國，西邊的晉國，北邊的齊國。我每年春秋二季固定向這些大國貢獻，從來沒有停過。大國的支持，是伐吳的助力。」

申包胥說：「國君您已經做得很好了，很難再加分了，可是仍不足以戰勝吳國。戰爭之道，『智』是首要條件，『仁』其次，『勇』第三。國君對吳國開戰。請先考量『智、仁、勇』三個要素：將領若缺乏智慧，就不能因應形勢變化而調整戰術，不免受兵力眾寡的限制；國君與將領若缺乏仁心，就不能與三軍一同忍飢受寒、同甘共苦；國君與將領若不勇敢，就會臨事猶豫，不能下定決心該進或該退。」

句踐聽完，說：「恭敬的接受你的指導。」

【原典精華】

越王固問，包胥乃曰：「夫吳良國①也，傳賢於諸侯。敢問君王之所戰者何？」

越王曰：「在孤之側者，飲酒食肉未嘗不分，孤之飲食不致②其味，聽樂不盡②其聲，求以報吳。願以此戰。」

包胥曰：「善則善矣，未可以戰。」

越王曰：「越國之中，吾博愛以子③之，忠惠以養之，吾今修寬刑，欲民所欲，去民所惡，稱其善，掩其惡，求以報吳。願以此戰。」

---

①良國：體質良好的強國。
②致、盡：都是「不要求極致」的意思。
③子：動詞，當作自己兒子對待。

包胥曰：「善則善矣，未可以戰。」

王曰：「越國之中，富者吾安之，貧者吾予之，救其不足，損其有餘，使貧富不失其利，求以報吳。願以此戰。」

包胥曰：「善則善矣，未可以戰。」

王曰：「邦國南則距④楚、西則薄⑤晉、北則望齊，春秋奉幣、玉、帛、子女以貢獻焉，未嘗敢絕，求以報吳。願以此戰。」

包胥曰：「善哉，無以加斯矣，猶未可戰。夫戰之道，知為之始，以仁次之，以勇斷之。君將不知，即無權變之謀，以別眾寡之數；不仁則不得與三軍同飢寒之節，齊苦樂之喜；不勇則不能斷去就之疑，決可否之議。」

於是越王曰：「敬從命矣。」

——《吳越春秋．句踐伐吳外傳》

④距：國土接壤。
⑤薄：靠近。

本事55、殺氣沖天

句踐聽了申包胥的話，要求將領「智仁勇」，與士兵同甘苦，然後整軍出師。

大軍要出發了，越王句踐坐在露天的高壇之上，戰鼓排成一列，句踐親自擂鼓，越軍行列整齊，軍旗飄揚，武器閃亮。

句踐的第一道命令：斬三個死罪犯人。同時昭告全軍：「不聽我命令的，這三人就是榜樣。」

隔天，大軍移往城郊，越王第二道命令：斬三個有罪之人。再次重申：「不聽命令者，就是這樣。」

句踐召集留守國內人員，向他們告別，說：「你們好好看守國境，堅守崗位，我出征是為了雪恥復仇，以勝利答謝你們。」

同時下令國人都到郊外，與各自的子弟訣別。看見國君一連兩天，殺人不眨眼，大家

越軍出征戰士
氣勢勇猛

都曉得，這一仗若不能得勝，肯定是回不來了，送行場面悲悽。

出征的戰士與家人訣別，唱出離別戰歌：

「我們急速行軍，以發洩心中長久鬱積的羞愧；高舉利戟，握緊長矛。縱使身體受傷也絕不投降，一切都為了洗雪國君的恥辱，為了國家的復興。

「三軍如天降神兵，擋我者死；一個勇士拚死作戰，可以當得一百個敵人。

「天道保佑有德之人，吳王必將自取滅亡。洗刷我王昔日的恥辱，威風震動八方諸侯。

「軍隊的鬥志堅如磐石，氣勢勇猛如貔貅。」

戰士的家人則唱出：

「去吧，去吧！奮力向前。嗚呼，嗚呼！」

【原典精華】

軍士各與父兄昆弟取訣，國人悲哀，皆做離別相去之詞，曰：

躒躁摧長恧①兮，擢戟馭殳②。所離不降③兮，以泄我王氣蘇④。

三軍一飛降兮，所向皆殂⑤。一士判⑥死兮，而當百夫。
道祐有德兮，吳卒自屠。雪我王宿恥兮，威振八都⑦。
軍伍難更兮，勢如貔貙⑧。行行各努力兮，於乎，於乎⑨！

——《吳越春秋．句踐伐吳外傳》

第三天，大軍開至邊境，再斬三個死罪犯。再次重申：「不聽命令者，就是這樣。」

大軍進入吳國境內，三天後到達檇李。這個地方，吳越曾經兩度大戰。句踐再下令：斬有罪者三人，並且昭告全軍：「凡是三心二意，不奮勇作戰者，就是這個下場。」

同時也昭告全軍：「凡是家中有父母、無兄弟者，來告訴我。我發動大軍征伐，使你們離開父母而奔赴國家急難。如果作戰期間，家中父母兄弟有生病者，我會像自己的父母兄弟一樣對待；如果不幸死亡，我會代為出殯、埋葬，如同我自己的親人一樣。」

次日，又宣布：「士兵如果生病了，不能上陣戰鬥，我將給他醫藥、給他糜粥，寡人將同他一道進食。」

又次日，越軍在江邊駐紮，句踐巡視軍隊，再次申明軍法，並誅殺有罪者五人。同時昭告：「我愛士兵，如同愛自己的兒子。但若犯了死罪，即使是我的兒子也不能赦免。」

江北已經看到吳軍集結，越軍的軍法官巡行全軍，大聲宣布：「隊長各自掌握手下的小隊長，小隊長各自掌握手下的士兵。士兵該歸隊而不歸隊，該待命而不待命，該進攻而不前進，該撤退而不後退，該向左而不左，該向右而不右。凡是不聽號令者，一律斬首。」

越軍軍紀嚴肅，人人抱必死之心，準備好要與吳軍決一死戰。

---

①礫躁：快速。恧：音「ㄋㄩˋ」，羞愧。快速前進以壓抑長久積存的羞愧。
②擢：通「攫」。殳：音「書」，兵器名。
③所離不降：遇到為難也不投降。
④泄：通「洩」。泄我王氣蘇：讓我王的怒氣發洩，元氣復甦。
⑤殂：音「ㄘㄨˊ」，死亡。
⑥判：通「拚」。「拚」破音字讀「判」。
⑦八都：八個諸侯都城。
⑧貔：音「皮」。貙：音「出」。皆猛獸名。
⑨於：發「屋」音。於乎：嗚呼。

本事56、子胥顯靈

吳、越兩軍隔江對峙，吳軍的基本心態是輕敵的，一心想要痛宰越軍，以扳回上次被越軍偷襲後方的面子。反觀越軍則充滿復仇意志，人人想要一決死戰。

越王句踐充分運用了吳軍的輕敵心理。他將軍隊分為三支，左軍向上游五里，右軍向下游十里，擺出準備渡江的動作。

吳軍看得清清楚楚，心想：「你想夾攻我，我也分兩路埋伏等你。」於是趁夜間，暗中調動軍隊，分成兩路埋伏，準備包圍渡江的越軍。

到了晚上，句踐下令左右二軍都做出渡江的假動作，大聲鳴鼓，以相聯絡。古時候打仗，「晝戰多旌旗，夜戰多火鼓」，也就是白天以旌旗指揮軍隊進攻方向，夜間就用火光與鼓聲指揮。句踐下令，只准鳴鼓，不點火炬，其實根本沒有進攻動作。吳軍則一分為二，滿懷希望等著越軍進入圈套，但其實是自己已經入了越軍的圈套。

伍子胥頭顱的眼中
發出神光

句踐估計時間差不多了，下令中軍六千人銜枚（口中咬根筷子，不得出聲）渡河，直攻吳軍空虛的大本營。大本營情況危急，急召派出的軍隊回營救援。這時，越軍左右二軍才渡河追擊，吳軍於是大敗。

越軍乘勝追擊，連勝三陣，一路追到了姑蘇城郊。

逼近姑蘇南城時，看見城上懸著伍子胥的頭，像車輪般巨大，目光如閃電，頭髮和鬍鬚一根根向四面豎起，神光照射十里之外。

越國士兵非常恐懼，停下追擊的腳步。當天半夜裡，暴風雨加上雷鳴閃電，飛砂走石比弓弩射箭還快速。越軍陣線崩潰，慌忙後撤，兵士僵斃，部隊瓦解，無法收拾。

范蠡、文種裸露上身前行，向伍子胥叩首，乞求借道通行。伍子胥於是託夢兩人，說：「我早就預知，越軍攻入吳國乃是必然的事情。所以在臨死之前，請求將我的頭懸在南城之上，好讓我親眼見到越軍入城，但那只是怨恨夫差的氣話。及至我看到敵軍將要攻進都城，我的心實在不能忍受，所以製造風雨，以逼退你們的軍隊。然而，越國討伐吳國，自是天數注定，我又怎能制止得了呢？越軍如果想要進城，請改從東城進入，我將為你們開通道路，穿越城池。」

【原典精華】

越王追奔，來至六七里，望吳南城，見伍子胥頭，巨若車輪，目若耀電，鬚髮四張，射於十里。越軍大懼，留兵假道。即日①夜半，暴風疾雨，雷奔電激，飛石揚砂，疾如弓弩。越軍壞敗，松陵卻退②，兵士僵斃，人眾分解③，莫能救止。

范蠡、文種乃稽顙④肉袒，拜謝子胥，願乞假道⑤。子胥乃與種、蠡夢，曰：「吾知越之必入吳矣，故求置吾頭於南門，以觀汝之破吳也，惟欲以窮夫差。定汝入我之國，吾心又不忍，故為風雨以還汝軍。然越之伐吳，自是天也，吾安能止哉？越如欲入，更從東門，我當為汝開道貫⑥城，以通汝路。」

——《吳越春秋．句踐伐吳外傳》

於是，越軍第二天改由水路進發，經過三道水路，穿越姑蘇城的東南隅，直抵東門，將姑蘇城團團圍住。

①即日：當天。
②倒裝句，退卻到松陵（地名）。
③分解：四散瓦解，不成隊形。
④顙：音「嗓」，額頭。稽顙：叩頭。
⑤假道：借路。
⑥貫：穿越。

本事57、悔之晚矣

吳王夫差派王孫駱去向越王求和，往返七次，句踐都不答應。夫差開始後悔當初為什麼沒有聽伍子胥的話，殺了句踐，滅了越國。可是他想到伍子胥那託孤老臣的嘴臉，偏不服氣，「我只是一時大意而已，否則就憑句踐那塊料，怎麼會是我的對手？」繼而又想到句踐在會稽山的那副可憐相，自己卻拉不下臉來，去向句踐求饒。

越軍包圍姑蘇城，吳軍困守年餘，城池終於崩落一角，眼看越軍就要攻進城裡。夫差帶領群臣逃出內城，往姑胥山退卻。

夫差由於心中愁悶，眼前視線也模糊了，步伐也踉蹌了。飢渴交迫，看見路旁水田裡的稻子，顧不得還是生的，採來就往嘴裡塞，又趴在地上喝田裡的水。感慨的說：「這莫非就是當初公孫聖解夢時所說的『吃不到熟食，倉皇逃走』？」

又往前一段路，看到路旁有野生的瓜，已經成熟，就摘來吃。問左右說：「現在是冬

大宰嚭對著山中呼喚「公孫聖」

天，怎麼還有熟瓜？瓜就結在路旁，為什麼人們不去採食？」

左右說：「那是『糞瓜』，人們不吃的。」

吳王問：「什麼叫『糞瓜』？」

左右說：「行路人在盛夏季節吃了生瓜，肚子痛，大便在路旁。未消化的瓜子由糞便中發芽、生長、結瓜。人們嫌惡它出自不潔，所以不吃。」

夫差想起從前，句踐曾經嘗過他的溲便，感慨的說：「句踐真是一個忍人啊，只有他才能忍人所不能忍。」（此處「忍」字雙關，既感嘆句踐忍功超凡，同時指句踐是一個「殘忍」的人。）

君臣逃到姑胥山，吳王想起，當初他下令殺了公孫聖，還將他的屍體丟棄在姑胥山之巔，就吩咐太宰嚭：「你對著山裡呼喚公孫聖，如果他在，一定會回應。」

太宰嚭對著山中呼喚：「公孫聖！」

山裡傳出回聲：「公孫聖！」三呼三應。

吳王夫差仰天呼喊：「公孫聖仍然忠心於我，難道我還有機會回到姑蘇城嗎？如果可以，我將世世代代供奉公孫聖。」

【原典精華】

吳王率群臣遁去，……胸中愁憂，目視茫茫，行步猖狂①，腹餒口飢，顧②得生稻而食之，伏地而飲水。顧左右曰：「是公孫聖所言不得火食、走傽偟也。」

……

謂太宰嚭曰：「吾戮公孫聖投胥山之巔，……子試前呼之。聖在，當即有應。」呼曰：「公孫聖！」聖從山中應曰：「公孫聖。」三呼三應。

吳王仰天呼曰：「寡人豈可返乎？寡人世世得聖③也。」

——《吳越春秋．夫差內傳》

---

①猖狂：步履踉蹌。

②顧：回頭看。

③得聖：得到公孫聖的庇佑。意指將世代供奉公孫聖。

本事58、夫差末日

吳王夫差退守姑胥山上，越軍在山下團團圍住。這幅景象根本就是當年會稽山的翻版，只不過雙方攻守易勢而已。

吳王夫差禁不住太宰嚭一再勸說：「上次大王放過了句踐，句踐應該會體念舊情，可是大王得放下身段。」於是派王孫駱去請求投降。

王孫駱效法當年文種的低姿態，「肉袒膝行」去到越軍大營，向越王句踐表達吳王夫差的卑微請求：「夫差當年不知天高地厚，在會稽山得罪了大王，當時不敢違背大王的旨意，同意雙方和平，並且讓大王歸國。如今大王舉兵討伐我這個寡德的臣子，我唯命是聽，只有一個卑微的請求，請將今天的姑胥山，當做昔日的會稽山。如果託天之福，得免死罪，吳國全國都願意成為越國的臣妾。」

一時間，句踐彷彿看見了二十二年前自己在會稽山的情景，有些心動，差一點就要同意接受投降了。

范蠡見狀，立即進言：「當年在會稽山，上天將越國賜給吳國，吳國卻不接受。今天，上天將吳國賜給越國，越國怎麼可以違逆天命呢？放棄上天的賜予，將會反過來遭受禍殃啊！況且，大王咬牙切齒、刻骨銘心，忍辱負重二十多年，每天早晚惕勵，不就是為了今天嗎？如今終於到手了，難道就這樣放棄嗎？大王難道忘了會稽山的恥辱嗎？」

句踐說：「你說得對，可是我不忍心親口拒絕吳國使者投降。」

范蠡走出大帳，下令鳴鼓進軍。然後對王孫駱說：「大王已經授權我全力進攻。使者就請趕快回去吧，否則恐怕要得罪了！」王孫駱涕泣著回去覆命。

句踐還要假仁假義，派人去對夫差說：「我可以不殺你，將你安置在甬東（今浙江舟山島），並且給你三百戶人家做為食邑，服侍到你們夫婦死去為止，可以嗎？」

夫差想到當年句踐所受的屈辱，不是自己可以受得了的，於是回話：「上天降禍給吳國，吳國的土地、人民都是越國的了。我老了，不能事奉大王了！」

夫差決定自殺，臨死前後悔的說：「我還有什麼面目見伍子胥於地下？」以衣袖遮住顏面，舉劍自刎而死。

夫差無顏見伍子胥於地下，
掩面自刎

【原典精華】

吳使王孫駱肉袒膝行而前，請成①於越王，曰：「孤臣夫差，敢布腹心：異日得罪於會稽，夫差不敢逆命，得與君王結成①以歸。今君王舉兵而誅孤臣，孤臣惟命是聽，意者猶以今日之姑胥，曩日②之會稽也。若徼天之中③，得赦其大辟，則吳願長為臣妾。」

句踐不忍其言，將許之成。范蠡曰：「會稽之事，天以越賜吳，吳不取；今天以吳賜越，越可逆命乎？且君王早朝晏罷④，切齒銘骨，謀之二十餘年，豈不緣一朝之事耶？今日得而棄之，其計可乎？天與不取，還受其咎。君何忘會稽之厄乎？」

句踐曰：「吾欲聽子言，不忍對其使者。」

范蠡遂鳴鼓而進兵曰：「王已屬政⑤於執事⑥，使者急去，不時得罪。」

吳使涕泣而去。句踐憐之，使令人謂吳王曰：「吾置君於甬東，給君夫婦三百餘家，以沒王世⑦，可乎？」

吳王辭曰：「天降禍於吳國，不在前後，正孤之身，失滅宗廟社稷者。吳之土地、民臣，越既有之，孤老矣，不能臣王。」遂伏劍自殺。

——《吳越春秋・句踐伐吳外傳》

太宰嚭原本以為自己會得到句踐的獎勵，至少還得以享受榮華富貴。可是句踐卻對他說：「你身為大臣，卻不忠於國君，導致國家滅亡、國君自殺。」下令將伯嚭和他的老婆、孩子一同處死。

句踐按照國君去世的禮儀，將夫差葬在卑猶山（靠近太湖），全體越軍一人一捧濕土，覆在夫差墳上，以表彰這一場歷史性的勝利，大家都有功勞。

---

①成：和。通常是敗方或弱勢一方請求和解，也作為「請降」的美化代詞。
②曩：音「ㄋㄤˇ」。曩日：昔日。
③中：通「衷」，福。
④晏：晚上。早朝晏罷：早晨朝會到晚上退朝。
⑤屬：讀音「主」。屬政：交辦任務。
⑥執事：主事官員。此處指范蠡自己。
⑦沒：讀音「莫」，死亡。以沒王世：直到王去世為止。

本事59、霸王句踐

越王句踐在滅吳之後，乃不班師回國，乘勝渡過長江、淮河，與齊侯、晉侯在徐州會盟，然後向周天子進貢。

周天子（當時的天子是周元王）派出使者，封賜越王句踐為「伯」。這個「伯」不是五爵之一的「伯」，而是「諸侯之伯」，得以代天子征伐，幾乎就是「霸」的同義字。

句踐得了封號，領兵回到長江以南，並且將之前吳國侵占楚、宋、魯國的土地，都歸還給各國。那一段時間，越軍在江淮之間耀武揚威，諸侯對句踐畢恭畢敬，稱他為「霸王」。

句踐原本在自己國內是稱「王」的（南方楚、吳、越都自己稱王），可是如今玩的是「天下」的遊戲，天下就只有周天子可以稱「王」。雖然封了一個「伯」，心裡總覺得有點爽然若失。

越王句踐終於稱霸中原

越軍凱旋，到達姑蘇城暫時休息，準備回越國。句踐問范蠡：「為什麼你的預言總是能夠合於天意？」

范蠡說：「我的占卜術是素女之道。素女是黃帝時人，通曉陰陽相生相剋之理。之前幾次占卜，都是依據《玉門經》推算，與《黃帝金匱經》不相上下。」

句踐這才表明問話的真正心意：「這素女之道真棒呀！如今我要回國了，還要不要稱『王』呢？」

范蠡說：「不好吧！過去吳國稱王，僭越了天下的名號，天象變異，太陽被月亮侵蝕（日偏蝕）。如今國君若稱王，而不趕快撤軍回越國，恐怕會再出現天象示警。」

句踐在姑蘇的文臺擺下酒宴，與群臣慶功。樂師演奏〈伐吳〉樂曲，文種、范蠡與群臣輪番歌詠句踐的豐功偉業，可是句踐默然無語。文種起身敬酒，並且發表了一番祝辭，句踐仍面無喜色。

范蠡看出來，句踐已經完成伐吳復仇的心願，更稱霸諸侯。如今不想回越國，是不願意回國後要封賞土地給所有功臣。換句話說，所有的功臣遲早都將成為句踐的眼中釘，功勞愈大的，處境愈危險。於是他計畫出國避禍，但是還不能立刻就走，必須大軍回到越國之後才能告辭，否則恐怕落得一個「陣前逃亡」的惡名。

本事60、狡兔死，走狗烹

在回越國的路上，范蠡對文種說：「你也該計畫一下，越王一定會殺你的。」文種不同意范蠡的說法。於是范蠡寫了一封信，把道理講得更明白。范蠡先說「人的際遇和四季更替一樣，盛極將衰」，聰明人必能明白進退存亡的道理。然後說「高飛的鳥獵完了，良弓就沒有用了，必須收起來；狡猾的兔子獵完了，獵狗也沒有用了，終將被烹而食之」的道理。再論越王句踐的相貌：頸長、嘴尖，目光如鷹，步伐似狼。這種人只能共患難，不能同享樂。結論是：你的事業已經到頂，你的功能已經用盡，你與句踐曾經共患難，可是他不可能與你同享樂，那你不是死定了嗎？

范蠡買了一艘船，
帶著西施，離開越國

【原典精華】

蠡復為書遺種曰：「吾聞天有四時，春生冬伐；人有盛衰，泰終必否。知進退存亡而不失其正，惟賢人乎？蠡雖不才，明知進退。高鳥已散，良弓將藏；狡兔已盡，良犬就烹。夫越王為人長頸鳥喙①，鷹視狼步②，可與共患難而不可共赴樂，可與履危③，不可與安。子若不去，將害於子，明矣。」

——《吳越春秋．句踐伐吳外傳》

文種這次看懂了，但卻心存僥倖，不願放棄榮華富貴。

范蠡向越王句踐辭職。句踐說：「你留下來，我分越國一半給你；你一定要走，連妻

①喙：音「會」，鳥嘴。

②長頸、鳥喙、鷹視、狼步：在相法上都屬「陰狠」個性。

③履：蹈。履危：赴難。

子兒女都一併斬首。」

范蠡說：「君子知道進退時機，生前死後不會遭人猜疑，內心也不自我欺騙。我已經決定遠赴國外，還會顧慮老婆孩子嗎？大王你請為國珍重，我的心意已決，就此請辭。」

范蠡買了一艘船，出三江、入五湖，離開越、吳。有一說，他帶走了西施。司馬遷的《史記》記載：范蠡改名換姓為陶朱公，到了齊國，經商致富。

陶朱公後來成為民間信仰的財神爺，相傳他師事姜太公，奉天命助越王破吳；然後化身巨富陶朱公，將億萬財產散盡做公益；後來又化身採藥人，懸壺濟世。

【原典精華】

范蠡，字少伯，徐人也。事周師太公望④，好服桂⑤飲水。為越大夫，佐句踐破吳。後乘輕舟入海，變名姓，適齊，為鴟夷子。更後百餘年，見於陶，為陶朱公。財有億萬，復棄之⑥。往蘭陵賣藥，後人世世見之。

——《列仙全傳．范蠡》

范蠡走了，幾個看清形勢的大夫也各自求生：計然假裝發瘋，曳庸、扶同、臯如等一干當初共患難的大夫主動淡出政壇。

文種請辭宰相的職位，不再上朝。卻因此被小人中傷：「文種心懷怨忿，所以不上朝。」句踐原本就不放心文種，於是將文種召來，對他說：「先生當年對我提出『九術』，我只用了三術（其實用了五術），就打敗了吳國，還有六術仍留在你心中。這樣吧，我就拜託你用這六術去輔佐先王好了。」

什麼叫「輔佐先王」？先王已經在地下，當然就是要他死嘍。

句踐賜文種一把「屬鏤」寶劍（伍子胥自殺的那一把），文種拿著屬鏤劍，長歎：「後悔不聽范蠡之言，這是我不聽善言的報應吧。」又說：「將來一百世之後，忠臣必定以我為戒鑑。」自刎而死。

文種下葬之後一年，伍子胥的鬼魂穿過山石，挾持文種的鬼魂而去，兩個怨氣沖天的鬼魂在海上興風作浪。相傳，錢塘潮的前波在岸邊打旋的就是伍子胥，後面隨之湧上的就是文種。

---

④太公望：就是姜太公。

⑤服桂：吃桂樹的皮。

⑥棄之：散盡家財，做公益。

後事

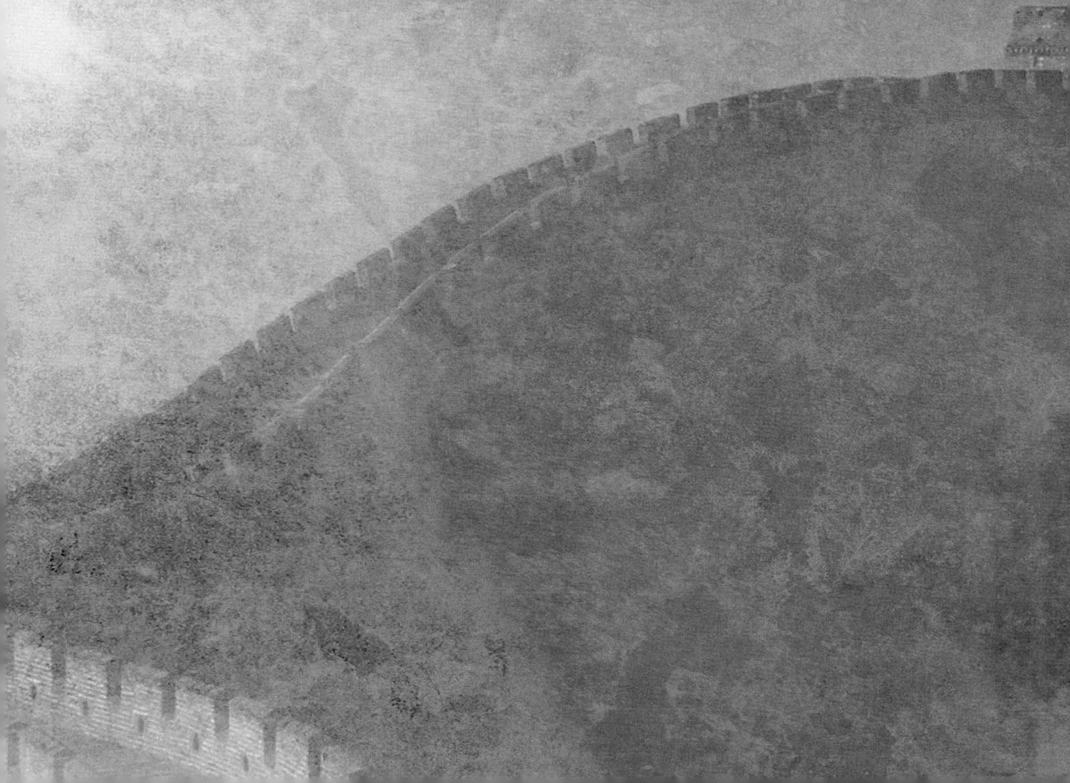

後事、劫數

越王句踐之後，傳位十一代到了越王無疆。那時中國已經進入戰國時代，而越國在戰國初期仍然是東南霸主。

越王無疆舉兵伐齊，他的戰略是藉攻齊以威嚇韓、魏（晉國已分裂為韓、趙、魏三國），進而要求兩國出兵，與越國聯合伐楚。

齊威王託人前往遊說越王無疆：「人的眼睛可以明察秋毫之末，卻看不到自己的睫毛。大王的智慧不應該跟眼睛一樣，只專注於細微末節，而看不到眼前的事實。韓、魏之患在秦而不在楚，和從前晉國不一樣，他們想的是保守國境，而不是爭霸天下。所以，他們即使尊奉越國為霸主，也不可能出兵攻打楚國。而楚王尚未察覺這一點，所以楚國的重兵仍然分布在北面（晉楚邊界），而疏於東面（楚越邊界）。大王不趁此機會攻楚，更待何時？破楚而獨霸南方，機會稍縱即逝啊！」

於是越王無疆轉而攻楚，卻被楚軍迎頭痛擊，越王無疆戰死。越國諸子爭立，有的稱王，有的稱君，這些分裂的小國卻都向楚國朝貢。

……

西元一九六五年，湖北省江陵縣，也就是古楚國郢都附近的一處古墓，出土一把裝在黑色漆木鞘內的銅劍，劍身有八個字：越王句踐自身用劍。

這把劍在地下埋藏了二千多年，仍然異常鋒利：用它來切紙「二十餘層一劃而破」。這簡直近乎奇蹟，多次到國際展出，所到之處皆為之轟動。

很顯然，這是「諸越」向楚王進貢的貢品之一。越國傳統都以寶劍作為最高禮品，但這一把可是祖先最珍貴的寶劍，最終卻成為某位楚國王室的陪葬品！

借用《三國演義》卷頭詩作為本書結語：

滾滾長江東逝水，浪花淘盡英雄。

是非成敗轉頭空：青山依舊在，幾度夕陽紅。

國家圖書館出版品預行編目資料

英雄劫——春秋時代南方三國的恩怨情仇 / 公孫策著.
--初版. -- 臺北市：商周出版：家庭傳媒城邦分公司發
行, 2011.11

面；　公分. --（ViewPoint；47）

ISBN 978-986-272-057-8（平裝）

1. 中國史　2. 歷史故事

610.9　　100020502

ViewPoint 47

英雄劫——春秋時代南方三國的恩怨情仇

作　　者 / 公孫策
企畫選書 / 黃靖卉
責任編輯 / 羅珮芳

版　　權 / 翁靜如
行銷業務 / 黃崇華
總 編 輯 / 黃靖卉
總 經 理 / 彭之琬
發 行 人 / 何飛鵬
法律顧問 / 台英國際商務法律事務所羅明通律師
出　　版 / 商周出版
台北市104民生東路二段141號9樓
電話：(02) 25007008　傳眞：(02)25007759
E-mail：bwp.service@cite.com.tw
發　　行 / 英屬蓋曼群島商家庭傳媒股份有限公司城邦分公司
台北市中山區民生東路二段141號2樓
書虫客服服務專線：02-25007718；25007719
服務時間：週一至週五上午09:30-12:00；下午13:30-17:00
24小時傳眞專線：02-25001990；25001991
劃撥帳號：19863813；戶名：書虫股份有限公司
讀者服務信箱：service@readingclub.com.tw
城邦讀書花園 www.cite.com.tw
香港發行所 / 城邦（香港）出版集團有限公司
香港灣仔駱克道 193號東超商業中心 1F；E-mail：hkcite@biznetvigator.com
電話：(852)25086231　傳眞：(852)25789337
馬新發行所 / 城邦（馬新）出版集團【Cite (M) Sdn Bhd】
41, Jalan Radin Anum, Bandar Baru Sri Petaling, 57000 Kuala Lumpur, Malaysia.
電話：(603) 90578822　傳眞：(603) 90576622 email:cite@cite.com.my

封面設計 / 許晉維
版面設計 / 洪菁穗
內頁插畫 / 吳嘉偉
內頁排版 / 立全電腦印前排版有限公司
印　　刷 / 前進彩藝有限公司

■2011年11月29日初版
■2015年10月27日初版4刷
定價320元

Printed in Taiwan

城邦讀書花園
www.cite.com.tw

 ISBN 978-986-272-057-8

商周出版

廣	告	回	函
北區郵政管理登記證			
北臺字第000791號			
郵資已付，免貼郵票			

104　台北市民生東路二段141號2樓

英屬蓋曼群島商家庭傳媒股份有限公司城邦分公司　收

請沿虛線對摺，謝謝！

商周出版

書號：BU3047　　書名：英雄劫　　編碼：

請於此處用膠水黏貼

商周出版

讀者回函卡

感謝您購買我們出版的書籍！請費心填寫此回函卡，我們將不定期寄上城邦集團最新的出版訊息。

不定期好禮相贈！
立即加入：商周出版
Facebook 粉絲團

姓名：＿＿＿＿＿＿＿＿＿＿＿＿＿＿ 性別：□男 □女

生日：西元＿＿＿＿＿年＿＿＿＿＿月＿＿＿＿＿日

地址：＿＿＿＿＿＿＿＿＿＿＿＿＿＿＿＿＿＿＿＿

聯絡電話：＿＿＿＿＿＿＿＿＿＿ 傳真：＿＿＿＿＿＿＿＿＿＿

E-mail ：

學歷：□ 1. 小學 □ 2. 國中 □ 3. 高中 □ 4. 大學 □ 5. 研究所以上

職業：□ 1. 學生 □ 2. 軍公教 □ 3. 服務 □ 4. 金融 □ 5. 製造 □ 6. 資訊
□ 7. 傳播 □ 8. 自由業 □ 9. 農漁牧 □ 10. 家管 □ 11. 退休
□ 12. 其他＿＿＿＿＿＿＿＿＿＿＿＿＿＿＿＿

您從何種方式得知本書消息？

□ 1. 書店 □ 2. 網路 □ 3. 報紙 □ 4. 雜誌 □ 5. 廣播 □ 6. 電視
□ 7. 親友推薦 □ 8. 其他＿＿＿＿＿＿＿＿＿＿＿＿

您通常以何種方式購書？

□ 1. 書店 □ 2. 網路 □ 3. 傳真訂購 □ 4. 郵局劃撥 □ 5. 其他＿＿＿

您喜歡閱讀那些類別的書籍？

□ 1. 財經商業 □ 2. 自然科學 □ 3. 歷史 □ 4. 法律 □ 5. 文學
□ 6. 休閒旅遊 □ 7. 小說 □ 8. 人物傳記 □ 9. 生活、勵志 □ 10. 其他

對我們的建議：＿＿＿＿＿＿＿＿＿＿＿＿＿＿＿＿＿＿＿＿
＿＿＿＿＿＿＿＿＿＿＿＿＿＿＿＿＿＿＿＿
＿＿＿＿＿＿＿＿＿＿＿＿＿＿＿＿＿＿＿＿

【為提供訂購、行銷、客戶管理或其他合於營業登記項目或章程所定業務之目的，城邦出版人集團（即英屬蓋曼群島商家庭傳媒（股）公司城邦分公司、城邦文化事業（股）公司），於本集團之營運期間及地區內，將以電郵、傳真、電話、簡訊、郵寄或其他公告方式利用您提供之資料（資料類別：C001、C002、C003、C011 等）。利用對象除本集團外，亦可能包括相關服務的協力機構。如您有依個資法第三條或其他需服務之處，得致電本公司客服中心電話 02-25007718 請求協助。相關資料如為非必要項目，不提供亦不影響您的權益。】

1.C001 辨識個人者：如消費者之姓名、地址、電話、電子郵件等資訊。
2.C002 辨識財務者：如信用卡或轉帳帳戶資訊。
3.C003 政府資料中之辨識者：如身分證字號或護照號碼（外國人）。
4.C011 個人描述：如性別、國籍、出生年月日。

請於此處用膠水黏貼